新公司法

理论精解与实施研究

丰晓萌◎著

中国水利水电出版社
www.waterpub.com.cn

内 容 提 要

新公司法给我们带来的是观念上的崭新改变,彰显了股东自律和自治的立法理念,强化了企业征信制度,为创业造就巨大的发展空间。本书以新公司法为基础,结合现代发展的新情况对公司法司法理论与实务进行了精解和探究。全书理论与实践相结合,内容结构系统完整,整体思路清晰,能够为公司的运营带来新的理念和方向。

图书在版编目(CIP)数据

新公司法理论精解与实施研究 / 丰晓萌著. -- 北京:
中国水利水电出版社,2015.6(2022.9重印)
ISBN 978-7-5170-3358-5

Ⅰ.①新… Ⅱ.①丰… Ⅲ.①公司法-法律解释-中
国 Ⅳ.①D922.291.91

中国版本图书馆CIP数据核字(2015)第156006号

策划编辑:杨庆川　责任编辑:陈　洁　封面设计:崔　蕾

书　　名	新公司法理论精解与实施研究
作　　者	丰晓萌　著
出版发行	中国水利水电出版社
	(北京市海淀区玉渊潭南路1号D座 100038)
	网址:www.waterpub.com.cn
	E-mail:mchannel@263.net(万水)
	sales@mwr.gov.cn
	电话:(010)68545888(营销中心)、82562819(万水)
经　　售	北京科水图书销售有限公司
	电话:(010)63202643、68545874
	全国各地新华书店和相关出版物销售网点
排　　版	北京鑫海胜蓝数码科技有限公司
印　　刷	天津光之彩印刷有限公司
规　　格	170mm×240mm　16开本　16.25印张　211千字
版　　次	2015年11月第1版　2022年9月第2次印刷
印　　数	2001-3001册
定　　价	49.00元

前　　言

公司法是商法的重要组成部分,是国家为了实现对公司组织和行为进行规范而制定的,调整公司在设立、变更和终止以及其他对内对外活动中所发生的社会关系的法律规范的总称。公司法在保护公司、股东和债权人的合法权益,维护社会经济秩序和促进市场经济的健康发展方面发挥着十分重要的作用。

随着社会主义市场经济不断发展以及全球经济一体化的不断深入,公司制度应该进一步改革以适应时代进步,因此,政府从2013年起,开始在全国各地推行公司注册资本登记制度的改革方案试点,在放宽注册资本登记条件、改革企业年检制度、放宽经营场所登记条件、推进企业诚信制度建设、推进注册资本认缴登记制等方面进行了尝试。最终,在总结前述经验的基础上,全国人大于2013年12月28日对公司法进行全面修订,正式自2014年3月1日起施行。

本书共七章,第一章是公司设立的司法基础;第二章是公司章程的发展;第三章是公司的资本制度研究;第四章是公司债的制度研究;第五章是公司治理的司法研究;第六章是公司财务会计制度;第七章是公司变更纠纷理论与实务。

新公司法给我们带来的是观念上的崭新改变,彰显了股东自律和自治的立法理念,强化了企业征信制度,为创业造就了巨大的发展空间。新公司法的实施能够帮助我们击退笼罩在中国经济上的重重雾霾,还中国经济一个广阔无垠的蓝天,让更多的投资者和创业者自由飞翔。

在本书的撰写过程中,作者参考了很多法律领域专家和学者的文献和著作，首先要在此向这些作者表示诚挚的感谢。此外，由于时间的限制以及本人能力的不足，本书一定还存在一些不足之处，还望广大读者以及学界同仁批评指正。

作者

2015 年 5 月

目　　录

第一章　公司设立的司法基础

"公司"这个词在中国最早出自孔子的《列词传》："公者,数人之财,司者,运转之意。"庄子说："积弊而为高,合小而为大,合并而为公之道,是谓'公司'。"21世纪,公司是最典型的企业法人,是市场经济运行之中最重要和最活跃的经济主体。各个国家依托公司来增加税收,提高就业率,促进经济增长。

然而公司的建立需要一定的法律规范和法律程序来进行制约和指导,依法设立公司最直接的作用是能够鼓励投资创业、强化公司的意思自治、加强对债权人的保护、加强对中小股东利益的保护及强化公司社会责任和职工保护措施。为此熟悉公司设立运行的司法基础其重要性便不言而喻了。

第一节　公司设立的概念与性质

一、公司的概念与特征

（一）公司的概念

在现代各国社会经济生活中,公司作为经济的主体对于国家和社会的重要性越来越明显。为了更好地发展公司、管理公司,为此我们必须在理论和实践上对公司有一个清晰透彻的了解。然而,由于法制传统、法律体系以及立法习惯的差异,各国各地区对公司概念的界定,都存在较大的差异,而且即使在同一国家,随着社会经济和公司法等方面的不断发展,公司的概念也在不断地发生着变化。所以一直以来公司的定义并没有形成统一,在这里介绍两种比较典型的定义:大陆法系和英美法系对于公司概念的界定。并在最后介绍我国对公司的定义。

1. 大陆法系公司的概念

大陆法系国家或地区一般认为,公司是依法设立的、以营利为目的的社会法人。虽然在大陆法系之中,公司的定义有着严格的法律依据,但是在大陆法系中,有些国家的立法并不就公司做统一的定义,而是对各类不同的公司分别定义;还有些国家的立法,既未对公司下统一的定义,也未对各类不同的公司分别定义,而只是规定各类公司设立的目的、性质,但从中能够概括出各类公司的定义。

2. 英美法系公司的概念

与大陆法系国家的法律传统不同,英美法系国家不太注重对公司法律概念的严格界定,因而也缺少明确的公司定义。在英国,一般称公司为"company",美国则称公司为"corporation"。《布莱克法律辞典》将公司定义为"一定数量的个人,出于共同的兴趣目标,为了从事某一工商业或其他合法的营业而组成的社团或者联合体"。英国《2006 年公司法》(Companies Act 2006)第 1 条规定:"公司是指根据本法被组建和登记的公司。"美国《示范商业公司法》第四分章规定:"公司或本州公司,是指为营利而组织的非外地公司,它是按本法组织的或是受本法制约的公司。"我国香港地区则沿袭英美法系传统,在其公司条例中将公司解释为"依本条例组织及登记之公司或现已存在之公司"。从上述英美法系对公司的定义看,主要表明了公司需依法登记或组建的特点,很难说是对公司的完整定义。

3. 我国公司的概念

采用的是《中华人民共和国公司法》(以下简称《公司法》)中对于公司的定义,《公司法》定义第 2 条规定:"本法所称公司是指依照本法在中国境内设立的有限责任公司和股份有限公司。"第 3 条规定:"公司是企业法人,有独立的法人财产,享有法人财产权。公司以其全部财产对公司的债务承担责任。有限责任公司的股东以其认缴的出资额为限对公司承担责任;股份有限公司的股东以其认购的股份为限对公司承担责任。"

综合考虑我国《公司法》的有关规定,以及其他国家或地区对公司概念的界定之后,我们认为公司是指依法设立的、以营利为目的的企业法人。

(二)公司的特征

1. 营利性

企业出现之后是为了发展获利的,营利是企业的本质所在,也是一切企业组织存在和活动的基本目的。任何企业为了能够发展壮大在日常的经营之中必须要使得产出大于投入,换句话说就是使得收入大于成本,即营利了。所谓营利是指公司因日常的经营而获得的利益。公司由投资者投资组建而成,投资者设立公司的目的当然是为了获得投资收益和回报。而要实现这一目的,就必然要求公司最大限度地追求经营利润。可以说,公司只是投资者运用其财产追求资产增值的一种方式。公司的营利性并非仅指公司自身获得利润,还包括将利润分配给公司的投资者。与此不同是公益法人,公益法人尽管有时也从事某些营利性的活动,但此种营利不是公益法人的最终目的,其盈利不是为了分配给其成员,而是为了某种社会公益事业或实现法人的宗旨,这样的社会组织并不属于营利性组织。如基金会为了维持和扩大其资助科学研究的资金而将其财产用于投资,福利救济院为了保证和充实救济金而开办工厂等。而公司这种营利性组织则完全是以取得经济利益并分配给其成员为目的的,这正是营利性法人与公益性法人的根本区别所在。

此外,公司的营利性还表现在其持续性上,公司是通过持续的经营或营业而获得盈利的。偶尔进行的营利性活动不构成营业。这将公司与那些偶尔从事营利性活动的临时合伙相区别开来。

2. 法人性

绝大部分国家(包括中国)的立法都明确规定公司是法人,在法律上具有独立性。所谓法人,是具有民事权利能力和民事行为能力、依法独立享有民事权利、承担民事义务的组织。《中华人民共和国民法通则》(以下简称《民法通则》)第37条规定了法人的四个条件:依法设立;有必要的财产和经费;有自己的名称、组织机构和场所;能够独立承担民事责任。公司之所以为法人,是因为公司具备法人的基本特征和条件,即公司是依法设立的,拥有自己独立的名称、独立的组织机构和场所、独立的财产和能够独立承担民事责任。

(1)名称独立。公司的名称,相当于一个自然人的姓名。公司的名称有多个方面的作用,其中最为典型的是可以被人们熟记而作为品牌效应,公司名称一般可以自由选择使用,但应标明公司所在地的行政区域、所在行业以及公司的类型。公司在设立登记时,其名称必须报经有关主管部门核准,且不得与登记主管机关辖区内已经登记注册的同行业公司的名称相同或相近,以便与其他公司或企业区别开来,否则公司登记注册的名称是不合法的,当然也就注册不了更不受法律保护。

(2)财产独立。独立的财产既是公司进行日常业务经营的物质基础,也是其承担财产责任的物质保证,是严格受法律制约和保护的。公司财产最初的一部分来源于股东的出资(注册资本或起始的投资资本),其标的物(固定资产、流动资产、无形资产等)

之所有权将移转于公司,成为公司财产的构成部分。公司财产的后续部分来源于公司在经营过程中所获得的一切财产权利,包括有形资产如机器设备、厂房等,也包括无形资产如商标权、专利权等知识产权,当然还有公司的经营所得的利润等方面。我国《公司法》第3条有明确的规定:"公司是企业法人,有独立的法人财产,享有法人财产权。"

在公司财产权问题上,应特别注意公司的财产权与股东的股权之间的关系。股东一旦将其财产作为出资转移给公司后,便成为公司财产的一部分,股东不能随意对出资财产进行占有、使用、处分,否则,就构成对公司财产权的侵犯。股权,即股东享有的权利的简称,是股东基于股东的身份和地位而享有的权利。

(3)独立的组织机构。完善、健全的组织机构是现代公司制度的鲜明特点,是公司独立人格的表征和承载者,也是《公司法》对公司提出的法定要求。各国公司法均对公司的组织机构作了详细的规定,组织机构包括了公司的权力机关、公司的执行机关以及公司的监督机关等。

(4)独立承担民事责任。公司拥有独立的财产,独立的组织机构是其能够独立承担民事责任的基础。公司独立承担民事责任主要有两方面的内容:一是公司的责任独立于股东的责任。公司在经营活动中所产生的债务,只能以公司本身的财产来偿还,而无权要求公司的股东以个人财产来替公司偿还债务。我国《公司法》第3条规定:"公司以其全部财产对公司的债务承担责任。有限责任公司的股东以其认缴的出资额为限对公司承担责任;股份有限公司的股东以其认购的股份为限对公司承担责任。"因此,当股东履行了出资义务之后,就无需对公司的债务承担责任,即便公司资不抵债或破产(当然股东可以在公司出现债务危机的时候对公司进行再次投资)。二是公司对行为人执行职务的行为承担责任。公司在法律上属于拟制的"人",其活动只能通过其代表机关或代理人如董事、经理等实施,其民事责任亦可能由于董事、经理等管理人员的过错行为所致,但此时不能要求公司的管理人员对公司的债务负责,还是应由公司承担责任,只不过可以对其具体的行为人依据公司的章程追究一定的责任,公司应该做到赏罚分明。

3. 社团性

从公司的组织形式来看,公司是一种法人组织。法人按照其内部组织基础不同,可以分为社团法人和财团法人。社团与财团的区别在于社团是人的集合,而财团是财产的集合。社团法人是由二人以上集合组成的法人,是先有成员,然后由成员出资,在成员的基础上形成的法人,其成立的目的有的是为了直接谋求全体成员经济利益或者是其他的利益,如各种协会(各类商业行业的协会、注册会计师协会)等社团组织;财团法人又称为"目的财团",是以一定的目的财产而成立的法人,是先有财产,然后才有管理该财产的人员。它是以社会捐助所得财产作为其成立的基础,其成立的目的一般是为了社会的公益事业,如慈善机构、基金会等。

公司的社团性包含了公司应由两个以上的股东出资设立的内在要求。基于公司社团性的要求,一人公司无论是设立时股东仅一人,还是设立后股东减为一人,均曾被视为对公司社团性的否定而为公司法所禁止。但随着各国法律对一人公司的逐渐承认而使公司的社团理论受到挑战,有些学者认为公司已经逐渐失去了其社团性特征。而有些学者则认为,无论从公司的本质看,还是从各国公司法的规定看,公司都应当是一种社团或联合体,这是公司与独资企业的根本区别之一。忽视了公司的社团性或团体性的特征,就很容易把公司的与独资企业混同起来。一人公司只不过是公司的特殊形态,并不否认以社团性为常态的公司特征。

我国修订后的《公司法》基于鼓励投资创业、促进公司设立和发展的立法目标,尊重现实生活中一人公司在我国大量存在的客观事实,并顺应各国先后承认一人公司的国际潮流,也同样承认了一人有限责任公司,并专列一节对其作了特别规定。这是我国《公司法》的一大突破与创新,也是对公司社团性理论的一大突破。修订后的《公司法》虽然承认了一人公司,但一人公司只不过是公司的一种特殊形态,这并不否认以社团性为常态的公司特征。传统公司法的许多制度和规定对一人公司并不适合,而一人公司存在的许多特殊问题在传统公司法中也并未涉及,正因如此,修订后的《公司法》针对一人公司作了专门性的制度安排。

4. 法定性

公司的法定性特征主要表现在必须按照法律规定的条件、程序和类型设立公司即依法创建公司。我国《公司法》第 2 条规定:"本法所称公司是指依照本法在中国境内设立的有限责任公司和股份有限公司。"该法第 6 条第 1 款规定:"设立公司,应当依法向公司登记机关申请设立登记。符合本法规定的设立条件的,由公司登记机关分别登记为有限责任公司或者股份有限公司;不符合本法规定的设立条件的,不得登记为有限责任公司或者股份有限公司。"可见,设立公司必须依据《公司法》规定的公司种类以及法律对公司所规定的条件和程序进行,不符合设立条件,以及不按照法定程序设立公司的,不得以公司的名义进行生产经营活动,否则是违法的,一经查出即取消营业资格证。应注意的是,在我国,只允许设立有限责任公司和股份有限公司两种公司类型,其他国家允许设立的无限公司、两合公司、股份两合公司等公司类型并没有被我国《公司法》所承认,因而在我国不能成立这些类型公司。

二、公司设立的概念和特征

(一)公司设立的概念和特征

公司设立是指公司的设立人为了成立公司并使其具有受

法律保护的法人资格而依法渐次进行的一系列活动的总称。公司设立的实质在于使一个尚不存在或正在形成的公司逐渐具备条件进而取得民事主体资格的过程。在英美法系和大陆法系之中，对于公司的设立也存在着较大的差别。在英美法系国家，为了方便公司设立，公司法通常只规定相关的操作程序，很少规定公司设立的具体条件。大陆法系国家通常将公司设立视为形成法人人格的完整过程，规定了较为严格的设立条件与程序。

公司设立制度在各国有不同的规定，即使在同一个国家，各类公司的设立也有不同的规定，股份有限公司的设立规定是各种公司中最严格的。这是因为股份有限公司的股东人数较多，其资本的筹集需要经过特定的招股程序，其机关成员往往需召开创立大会选任，利润的分配也需要经过公司的权力机构进行协商；而其他公司类型的股东、出资及机关成员，在公司设立之初即可在章程中确定，无须履行复杂的招股程序、利润分配程序。我国国有企业改组为公司，在设立程序和设立行为上，亦较一般新设公司复杂。因为此类公司的设立，除要履行一般的设立程序外，还要依法履行特定的设立程序，如产权界定、资产评估、产权登记等。但是从总体上我们可以将公司设立的特征概括为以下几个方面：

1. 公司设立需要有公司设立人

公司设立人，又称公司创办人，是指依法出资或认购股份并以筹建公司为目的进行一系列法律行为的人。设立人可能是多人，也可能是一人；设立人既可能是自然人，也可能是法人或国家等多种形式。设立人在公司法上具有特殊的主体地位，设立人对内执行设立业务，对外代表正在设立中的公司，可以为公司的法人代表。若公司设立完成并依法成立，则设立人自动转为公司的股东并依法受到法律的保护；若公司设立失败未能依法成立，则由设立人对设立中公司的行为承担责任。

2. 公司设立必须依法律规定进行

公司在设立的过程之中需要满足一系列的实体性条件和程序性要求,各国公司法对此均做出了严格规定。只有按照《公司法》等法律规定的条件和程序完成设立行为,才能产生成立公司并使其获得法人资格的法律效果。也就是说,未完成设立行为或设立行为虽已完成但未满足法律规定的条件,公司均不能成立,成立了的也是不合法的公司。比如,设立时设立的资格不足,股东出资未经验证等,都将导致公司设立的失败。

3. 公司设立以取得法人资格为目的

公司设立行为的目的是取得公司法人资格成为能够独立经营受法律保护的实体。公司只有取得了法人资格,也就是取得法律上的主体地位,才具有行为能力和权利能力,才能以本公司自己的名义取得民事权利和承担民事义务。公司不像自然人一样可以基于出生获得法律人格,而必须依照法律规定完成设立行为才可获得法人资格。设立中的公司并不具有法律上的权利能力,且只能从事与设立、筹建公司相关的行为,超出该范围的行为即属设立人的个人行为,与公司设立无关,由此而产生的行为后果应当由设立人自己承担相应的法律责任。

4. 公司设立是一系列的法律行为综合实现的过程

公司设立包括公司发起、筹建和成立的全过程,涉及公司设立人为筹建公司而订立设立人协议,选择公司类型,制定公司章程,决定公司名称、住所、经营范围、出资方式、资本总额,由设立人认股并出资、召开创立会议、选举公司机关成员以及申请设立登记等一系列法律行为。值得注意的是,公司设立的具体内容会因公司类型的不同而有所区别,相对而言,在各种公司设立中,股份有限公司因为其自身的特点在设立的过程之中无论在设立行为的实体内容上,还是在设立程序上,均较其他公司复杂。

（二）公司设立与公司成立的联系和区别

要正确理解上述公司设立的概念和特征，还必须明确公司设立与成立的联系与区别。如上所述，公司设立是公司设立人以公司成立为目的而进行的一系列法律行为，而公司成立则是指公司设立人完成公司设立行为，经公司登记机关核准登记，领取营业执照，获得公司法人资格的一种法律事实。公司成立的日期是营业执照的签发日期。公司设立是公司成立的前提条件与基础，公司成立是公司设立的直接目的和法律后果。二者的区别主要在于：

1. 发生时间不同

一般而言，公司设立行为发生在公司取得营业执照之前，而公司一旦领取营业执照、取得法人资格，即告公司成立，可以进行正常的经营活动而且是受到法律的保护和支持的。实际上，公司的成立是设立行为被法律认可后依法存在的一种法律后果。也就是说，设立行为并不必然导致公司的成立，设立行为只有符合法定的条件和程序，才可能为法律所承认，否则公司也就无法成立。

2. 行为人不同

公司设立行为的当事人主要是由设立人，即发起人或者认股人组成；而公司成立行为的当事人则是由申请人和有权批准申请的主管机关组成。

3. 性质不同

公司设立表现为设立人一系列的民事法律行为，以设立人的意思表示为主要的要素，受平等、自愿、诚信等民商法基本原则的指导。其性质因公司类型的不同可以界定为共同民事法律行为或单独民事法律行为。而公司的成立发生在设立人与主管登记机关之间,即设立人必须向政府有关部门申请注册登记,导致成立行为以主管机关颁发营业执照为要素,属于行政行为。这一行政行为产生的是民法上的后果:申请成立的公司由此而取得法人资格。其作用相当于民法上的形成权。

4. 法律效力不同

设立阶段的公司并不具备独立的法律主体资格,公司在被核准登记之前,被称为设立中的公司,其内、外部关系一般被视为合伙关系。公司设立仅仅是公司成立的前提要件。因此,在设立阶段,不得以公司名义从事与设立行为无关的活动,超出这个活动即是设立个人的行为。即便公司设立行为已经完成,只要未经注册登记,仍然不得作为民事法律关系的主体,不能够承担成立之后的相应的责任与义务。公司成立之后,由设立行为所产生的权利义务,亦未必由公司承担,只有经股东会或创立大会认可设立行为的正当性之后,公司才承受设立行为的法律后果。公司一旦不能成立,要类推适用有关合伙制度的规定,由设立人对设立阶段的行为后果承担连带责任。

5. 争议解决的依据不同

因公司设立行为产生的争议,属私法范畴,其争议的解决由相关的民事法律法规解决;而公司成立,因涉及公司登记机关的行政行为,具有公法属性,其争议的解决适用行政法和行政诉讼法。

三、公司设立行为的性质

公司设立是设立人为了成立公司而依法进行的一系列法律行为的总称,对于这些法律行为的性质,学界认识不尽一致,但经过总结和概括之后大致可划分为如下四种学说。

(一)合伙契约说

一是合伙契约说。该说认为,公司的章程,即设立人之契约,是以当事人的合意为基础,并对当事人具有约束力,因此应属于民法上的契约行为,并进而将设立行为视为合伙契约。但是,在一般情况下,契约当事人之间的关系属于"交错统一型"的关系,双方各负对待给付义务,一方之所得,即为另一方之所失,反之亦然,似乎并不能够达成共赢。而在公司设立过程中,发起人之间的关系,则更近似于"平行融合关系",即彼此不负互为给付义务,行为后果是达成公司成立这一共同目的。因此,大多数学者认为合伙契约说不能准确解释公司设立的性质。

(二)单独行为说

该说认为,设立行为是每一设立人各自的单独行为,围绕成立公司这一共同目标而竞合。单独行为导致每一行为人的单独责任,并且因共同目的而导致单一责任的连带,所以每一设立人就设立行为发生的债务负全部给付义务,该说虽然强调了设立人的设立行为,但既然是每个设立人行为的集合,则应属共同行为,而非单独行为,只有设立一人有限责任公司的情形符合此说。

(三)混合行为说

该说认为公司设立既有上述契约行为的性质,又有单独行为的性质。公司设立行为是契约行为和单独行为的有机结合,或者说,是一种混合性质的行为。此说的不足之处主要在于:这里的合并行为本身并非严格意义的法律概念;同时,其所谓"混合性质"的定性实际上并没有明确设立行为的实质。

(四)共同行为说

该说认为公司设立行为是共同所为,多数人一致的意思表示,行为效果是行为人取得同质的股东权,它有别于互为给付的契约行为,也不同于单一责任的单独行为,属民法上的共同行为。共同行为人彼此不存在互相给付义务,行为后果是达到共同一致的目的。共同行为说揭示了设立行为的实质,因为全部设立行为都是设立人以创立具有独立主体资格的公司为目的而为的共同一致的意思表示。目前共同行为说被认为是有关公司设立行为性质的主流学说，受到了大多数学者的认可，但它也有欠周延之处。

（1）募集设立股份公司的创立大会之决议（包括对发起人制定的公司章程的决议），属于团体法律行为。因为，决议的通过适用资本多数，不像共同行为那样需要全体意思表示的一致，只需要获得在同股同权的情况下的多数认可同意即可。

（2）对募集设立股份公司的股份认购行为的认识有分歧。其中，发起人认购股份，属于共同行为，没有歧义。但关于认股人认购股份的行为属性，早期学说曾有争议。现通说认为属于契约行为，即向设立中公司入股的契约。

综上所述，公司设立行为的性质，应当因设立公司类型的不同而具有不同的界定。一般情况下，公司设立行为是多个设立人基于共同设立公司的目标，以设立人协议和公司章程的形式进行共同的意思表达，并对设立行为引起的法律后果承担连带责任的法律行为，性质上属于多数人的共同行为。但在设立一人有限责任公司的情况下，其性质则表现为单独法律行为。

第二节　公司设立的立法类型

公司设立的立法类型又称立法原则、立法主义。在社会的不同发展时期，不同国家对公司设立的干预有所不同，而且在不同的政治体制下，不同的国家对于公司的管理手段也并不一样。即在不同时期不同的社会背景之下，对公司设立奉行不同的立法原则。

一、立法类型历程

从各国公司设立立法的历史来看，一般经历了从自由设立一特许设立—核准设立—准则设立的过程。

（一）自由设立主义

自由设立主义又称为放任主义，是指公司的设立完全听任当事人的自由意志进行，设立何种公司，怎样设立公司等事宜不受国家法律的干预与限制。自由主义产生于近代公司萌芽时期。这一时期的公司多为合伙和无限责任的形式，所以在理解自由设立主义时应注重考察其适用的对象。自由设立主义虽然便于公司的设立，但是极易导致公司的滥设，危及债权人的利益，进而损害整个社会的商事交易安全，法律难以对其进行有效的制约。这一原则随着法人制度的建立和完善而逐渐被淘汰。

（二）特许设立主义

特许设立主义是指公司的设立必须经过国家元首特别许可或者立法机关颁布特别法令予以许可，体现了国王的王权和议会的权威。这一政策盛行于17世纪至18世纪的英国。其特许设立方法有两种：第一，经英国国王特别许可设立的"特许公司"而取得从事某种商事活动；第二，由英国国会颁发特别制定法而授权设立的"法定公司"。特许主义诞生之初在于纠正自由主义带来的公司滥设，但矫枉过正，对于公司设立的限制过于严格，使得公司设立成为一项特权，严重阻碍了公司制度和资本主义经济的发展。因而19世纪以后，主要资本主义国家纷纷由近代公司立法取代了特许主义。需特别注意的是，自由设立和特许主义设立时期的公司并非现代股份有限公司与有限责任公司，其实当时还没有产生这两种公司，所能设立者仅为无限公司、合伙公司等公司形式。

（三）核准设立主义

核准设立主义又称为许可设立主义，它的出现为了克服特许主义的立法所产生的弊端。核准设立主义是指公司的设立除具备法定条件外,还需经过政府主管部门的核准,否则不得成立。法国与德国都曾经采用这种制度,并扩展至其他国家。如果说特许主义是赋予王室、权力机关在公司设立上的特权,核准主义则是赋予行政机关特权。它实质上不过是以行政权力取代立法权力而已(这也是核准设立主义与特许设立主义的主要区别)。核准设立主义因为其限制仍然过多而不断受到指责,截至目前,多数国家通常只对特殊类型的公司(如银行和保险公司等)采用核准设立主义。

(四)准则设立主义

时代在进步,对于公司设立条件的要求也逐渐在发展。为了克服核准设立主义的诸多弊端,也为了适应 19 世纪末 20 世纪初资本主义社会经济的迅速发展,公司大量产生的实际需要,逐渐产生了准则设立主义。准则设立主义指法律预先设定公司设立的简单条件,公司的设立只要符合这些条件即可申请取得法人资格,无须事先核准。该制度为英国首创,随后被许多国家所采用,美国的大多数州的公司法普遍采取这一政策。不过,不少国家为了防止公司设立过滥,现已加强了对公司设立行为的监督。

(五)严格准则设立主义

严格准则设立主义是相对于准则主义而言的。为了公司可及时设立,迅速开展经营活动抓住市场机遇,避免可能导致公司滥设,现代各国商法倾向于准则主义的严格化。这种严格化主要表现在:一是通过法律详细规定公司设立的条件,并加重设立人的责任;二是加强法院、行政机关税务机关等对公司设立的外部监督。

二、我国设立公司的立法类型

20 世纪 90 年代以前我国长期对法人企业的设立实行宽泛的

核准主义,体现为垄断性企业设立前置审批制度与过多的特殊营业行政许可制度。这一制度设计与市场经济体制之间的冲突频生:行政干预过多、市场的自主调节作用少导致政企不分进而导致市场的作用丧失,地区、部门的行政垄断、本地保护主义与不公平竞争严重,设立成本高昂与效率低下并存,寻租现象严重。立法改革势在必行。

2003年《行政许可法》的颁布,为解决这一问题奠定了公法基础。2005年、2013年公司法修正案,以及国务院自2003年启动的行政审批制度改革,正在深刻地改变着原来的立法格局。《公司法》第6条规定,"设立公司,应当依法向公司登记机关申请设立登记。符合本法规定的设立条件的,由公司登记机关分别登记为有限责任公司或者股份有限公司;不符合本法规定的设立条件的,不得登记为有限责任公司或者股份有限公司","法律、行政法规规定设立公司必须报经批准的,应当在公司登记前依法办理批准手续"。我国现行的企业设立政策,可以定性为普通行业的严格准则主义与特殊行业核准主义,具体包括三类情况。

(1)对于设立普通公司,适用严格准则主义,只要符合法定的条件与程序,直接向登记机关申请设立登记,无须事前审批程序。

(2)对于法律、行政法规与国务院决定的特殊行业,适用核准主义,也即行业准入的主体资格事前审批制度,申请人申请公司设立登记前需要取得主管机关的行政审批手续。目前,特殊行业基本集中在商业银行、保险与证券等金融行业,以及外商投资企业。从广东省商事登记改革试点经验与上海自贸区的改革经验看,外商投资企业应该尽早脱离前置审批制度,充分发挥市场的主体作用。

(3)对于普通公司成立后的经营涉足某项(些)特殊营业许可的,现行法实行的政策是要求公司设立前先取得行政许可,再申请公司设立或开展营业,也即通常所说的"先证后照"。这一做法与市场经济要求背道而驰。此类行政许可应该被设计为公司成立后的后置审批程序,也即应该推行"先照后证",且此类许可应该大规模减少到最低限度。目前国务院正在进行的行政审批改革的着力点正在于此。

总的来说我国公司的设立要想向现代化、专业化发展还需要有一段艰苦的路要走。不仅需要政府的努力,也需要每个设立人甚至是每个自然人的共同努力。

第三节　公司设立的效力

公司设立的效力,是指公司设立行为所产生的法律后果。概括而言,公司设立的结果包括两种情况:一是公司完成设立程序,符合法定条件,依法成立并取得法人资格;二是公司未完成设立程序,或者虽完成设立程序但不符合法定条件或违反法律强制性规定,导致公司设立无效或被撤销而丧失法人资格。无论公司依法成立与否,就其主要内容而言,公司设立的效力主要包括设立中公司的地位、设立人的责任以及公司设立的无效和撤销。

一、设立中公司的地位

公司设立是一个渐次持续的过程,需要一定的时间。所谓设立中公司,是指自设立人达成设立公司的协议、制定公司章程到公司设立登记完成这一阶段的公司。严格而言,此阶段的公司并不能以公司称谓,因为其尚未取得法人资格,并不具有公司的权利能力,且不能够承担相应的民事责任而仅能在以公司成立的目的范围内从事公司的设立、筹建行为。但因设立过程中的公司必然对内对外发生各种法律关系,因此法律上有对其予以规制的必要。设立中公司在法律地位上一般归类于无权利能力团体,设立人(众多和单个)为其执行机关和代表机关,在设立公司的权限范围内从事相关活动,并以此活动为限将其所产生的权利义务归属于设立中公司。但就最终结果而言,不会产生由设立中公司承担法律责任的情形。若公司未能依法成立,则设立过程中因设立行为产生的相关费用和债务,由设立人承担连带责任;若公司依法成立并取得法人资格,则设立过程中设立人以设立公司名义从事的设立行为,其法律后果自动转由成立后的公司承受。

二、设立人的责任

设立人是设立中公司的执行机关和代表机关,是公司设立、筹建行为的具体实施者、活动人,其活动对设立中公司、成立后公司以及公司债权人等相关主体影响甚巨。设立人的责任可以区分为公司依法成立和公司未能依法成立两种情况予以分析,值得强调的是,此处所涉及的设立人责任以其必要的公司设立行为为前提,若超出设立公司权限范围而以其个人身份所为行为,则在一般情况下责任由其个人负责。

(一)公司成立情况下的设立人责任

在公司成立的情况下设立人的责任主要包括两个方面。

(1)设立人未足额缴纳出资的责任。设立人应当保证公司设立登记时的财产实际价值不低于公司章程规定的资本数额,否则由未足额缴纳设立出资的设立人补足差额,其他设立人承担连带责任。

(2)设立人的损害赔偿责任。即设立公司过程中,因设立人过失设立行为而侵害公司或第三人利益时,应由其承担损害赔偿责任。一般情况下,在公司依法成立时,设立人的设立行为的权利、义务及法律后果应由成立后公司承受,但为防止设立人滥用权利,仍以过错为前提为其设立行为设置了损害赔偿责任。

(二)公司未能依法成立情况下的设立人责任

在公司未能依法成立的情况下设立人的责任也主要包括两个方面:

(1)对因设立行为而产生的费用和债务的连带偿还责任；

(2)对已收股款的返还责任。

三、公司设立的无效和撤销

在讨论公司设立的无效和撤销之前,首先须明确公司设立瑕疵的概念。所谓公司设立瑕疵,是指公司虽然在形式上已经成立,即已经依法登记并领取营业执照,但实际上却存在未能满足法定条件或者法定程序,或者存在违反法律强制性规定的情形。

（一）四种瑕疵处理理论

对公司设立瑕疵的法律态度,各国因其公司制度的实际状况和法制水平而相差甚远。总结而言,各国对公司设立瑕疵的处理模式大致分为四种：

1. 瑕疵设立有效

英美法系采取瑕疵设立原则承认主义,即公司一旦获得注册机关所颁发的设立证书,则无论其在设立过程中是否存在瑕疵,原则上均被视为公司依法成立,不存在无效或者被撤销的问题。采用这一模式的背景是,英美法系对于公司设立条件要求很低,设立程序简单,资本自由化程度较高,导致设立无效、被撤销的因素被降到最低限度,适用公司设立无效、可撤销制度的意义轻微。

2. 瑕疵设立无效

公司成立后如被发现公司设立条件、程序存在严重瑕疵的,设立行为应属无效,股东、其他利害关系人可提起无效之诉以否定公司人格。大陆法系公司法多有瑕疵设立无效的规定,如欧盟的多数国家、日本、韩国等。

3. 瑕疵设立无效与可撤销

日本、韩国、我国澳门地区除了确立公司设立无效制度之外，还规定设立瑕疵的人合公司可以被撤销。公司设立撤销的原因都属于主观瑕疵，只有人合公司才适用设立撤销制度，合资公司的成员对公司人格影响甚微，故一般不适用之。我国没有人合公司，故无须规定设立撤销制度。

4. 瑕疵设立行政撤销

存在设立瑕疵的公司可由行政机关撤销，不适用民法上法律性思维无效与可撤销制度，也不适用民事诉讼程序。这一模式以我国台湾地区为典型。我国台湾地区"公司法"第 9 条第 4 款规定，"公司之设立或其他登记事项有伪造、变造文书，经裁判确定后，由检察机关通知中央主管机关撤销或废止其登记"。这一规定表明，登记机关依职权撤销或者废止公司登记，须以法院对设立瑕疵做出裁判为前提。"撤销或废止"公司登记属于行政处分行为，依我国台湾地区"行政程序法"规定，使违法行政处分失其效力者为撤销，使合法行政处分失其效力者为废止。因此所谓撤销、废止和前述公司设立无效与可撤销之诉的区别在于后者属于私权主体提起民事诉讼追求私法救济，而前者属于公权对公司设立的干预，性质上更类似我国《公司法》第 199 条关于公司登记机关依职权撤销登记的规定。

（二）我国的规定与实践

由于我国《公司法》公司设立条件、程序与现实生活中公司设立行为的规范性程度较低这两方面作用的相互合力，导致我国公司实践中，已大量出现公司设立瑕疵的现象。而《公司法》调整公司设立瑕疵的规定仅见于第 199 条："违反本法规定，虚报注册资本、提交虚假材料或者采取其他欺诈手段隐瞒重要事实取得公司登记的，由公司登记机关责令改正……情节严重的，撤销公司登记或者吊销营业执照。"这一规定确立了公司设立瑕疵行政撤销制度,公司被撤销登记或者吊销营业执照后,即进入解散清算程序,最终导致公司终止。这一规定的可取之处在于,对于设立瑕疵首先适用"责令改正"以尽力挽救,将行政解散的适用对象严格限定在严重设立瑕疵的情形,体现了立法的慎重立场。

(三)我国《公司法》第 199 条存在的一些不足

不足之处具体包括以下三个方面。

1. 公司瑕疵设立撤销原因规定过窄

仅规定"虚报注册资本、提交虚假材料或者采取其他欺诈手段隐瞒重要事实取得公司登记",情节严重的,才可撤销公司登记或者吊销营业执照。这使得许多其他公司设立瑕疵事由无法作为公司设立撤销的依据。

2. 降低了司法效率

《公司法》第 199 条采取绝对化的行政职权主义,司法裁判权无法介入公司瑕疵设立的救济。这固然有利于提高公司设立的行政监管效率,然而,利害关系人诉权与司法裁判权的缺失,是不符合权利救济原则的。在实务中,法院在审判过程中发现存在公司设立行政撤销的原因时,只能中止诉讼,以司法建议书的形式要求公司登记机关撤销登记。但实践中,受各种部门利益因素的影响,此种司法建议常常不受重视,从而降低了司法效率。

3. 法律责任规定不当,忽视对善意第三人的保护。

《公司法》关于瑕疵设立的法律责任规定,仅规定了行政责任,缺乏民事责任的规定。并且,依我国行政法规,瑕疵设立公司被撤销时,其法人资格视为自始不具备,依此将使得与该公司发生交易的善意第三人的利益受到损害。

第四节　公司设立瑕疵及其救济

一、公司设立瑕疵及其救济

（一）公司设立瑕疵的原因

导致公司设立瑕疵的原因有多种，学理上可依不同的标准分类。

1. 依产生的原因分为主观瑕疵和客观瑕疵

主观瑕疵指发起人存在行为能力和意思表示方面的缺陷，如发起人中有无行为能力人、限制行为能力人；某发起人所为的设立意思不是真实的意思表示，如受到欺诈、胁迫；发起人为侵害债权人利益而为设立意思表示。客观瑕疵主要指设立行为违反法律规定的条件、程序或者其他强制性规定，如公司不符合法定的设立条件，公司章程欠缺绝对必要记载事项，设立程序违法等。这一分类的意义是，主观设立瑕疵导致设立被撤销，而客观设立瑕疵导致设立被宣告无效。

2. 依严重程度分为可补救的瑕疵与不可补救的瑕疵

一般而言，只有构成了无法补救的瑕疵的，才适用公司设立无效、可撤销制度以永久否定公司的人格。

3. 依内容不同分为程序瑕疵和实体瑕疵。

程序瑕疵指公司设立违反法定程序，如未经法定的主管机关审批、创立大会召集程序不合法等；实体瑕疵指公司设立违反法定的实质要件，如股东人数未达法定数、注册资本低于法定最低额等。

（二）瑕疵救济模式

公司设立行为属于法律行为,瑕疵的处理使用法律行为效力瑕疵的处理规定,分为无效、可撤销等不同情形,一经被宣告无效或者被撤销,即导致公司设立自始无效。但是,消灭已经存在一定期间的公司人格会造成资源浪费,威胁交易安全,破坏社会经济秩序,也与商法所追求的效率与公平原则相违背,因此,各国公司法都规定尽可能适用补救措施,以避免动辄否定设立瑕疵的公司人格。总结而言,各国(地区)对公司设立瑕疵的处理模式大致分为四种:瑕疵设立有效、瑕疵设立无效、瑕疵设立无效与可撤销、瑕疵设立行政撤销。

二、公司设立无效之诉

（一）概述

公司设立无效,是在公司设立行为存在不可补救的严重瑕疵时,法院应利害关系人诉请宣告公司设立无效,使已经成立的公司进入解散清算程序并最终消灭其人格。

公司设立无效、可撤销作为公司设立瑕疵的处理方式,表层的制度效果是否定了瑕疵设立公司的人格,但深层的立法精神,乃在于通过一系列限制适用的措施来尽力维护瑕疵设立公司的人格。因此,各国公司法普遍规定,只有设立瑕疵严重到难以补正的,才宣告公司设立无效或被撤销。

公司设立无效是对公司人格全面、永久、不可逆转地否定,严格区别于公司法人格否认,后者是对公司法人格个别、暂时、可恢复性地否认。公司设立无效的适用以利害关系人向法院提起无效之诉为前提,故主要体现为一种诉讼制度(确认之诉)。诉讼要点包括:

1. 无效的原因

公司设立无效的原因,具体包括公司设立违反法定条件、法定程序以及违反其他强制性规定等,在性质上限于不可补救的严重客观瑕疵。在国外公司法上,同时规定公司设立撤销的,设立无效的原因不包括发起人的主观瑕疵;没有规定设立撤销的,设立无效的原因可能包括发起人的主观瑕疵,但不适用于股份公司。

2. 受理与审理

由被告公司所在地法院管辖,就同一公司提起数个设立无效之诉的,应合并审理。诉讼一经受理,公司即应公告周知利害关系人。一旦判决设立无效,公司应在其总部、分部所在地公告判决内容,告知社会公众。

3. 诉讼当事人

被告是公司。原告通常包括公司股东、董事、监事与债权人,有的公司法规定只限于股东。原告为股东的,其他股东可以为共同原告(与原告股东持相同立场的)参加诉讼,或者由法院通知作为第三人(与原告股东持不同立场的)参加诉讼。就原告股东而言,发现公司设立行为存在严重瑕疵,可能或已经导致公司经营不善而使个人利益遭受侵害的,诉请法院确认公司设立无效,从而及时清算公司,是避免进一步遭受损失的自我保护手段。在此意义上,公司设立无效之诉也是保护股东利益的制度安排。

4. 起诉期间

设立无效之诉应从公司成立之日起一定期限(如德国为 3 年,日本和韩国为 2 年,法国为 6 个月)内提起,以避免法律关系长期处于不稳定状态。该期间不是诉讼时效期间,不发生中止、中断或延长。

5. 瑕疵补正与法院自由裁量权

在设立无效诉讼过程中,如果作为被诉无效原因的瑕疵已被补正,且根据公司现状认定设立无效不妥时,法院可以驳回原告诉讼请求。这一处理与民法上的法律行为无效制度具有重大不同。

补正优先。法国《商事公司法》第 363 条规定:"受理无效之诉的商事法庭,可以依职权确定一个期限对无效的原因进行纠正,商事法庭不得在诉状送达之日后未满 2 个月宣布公司设立无效。"德国《股份法》第 275 条第 2 款规定,设立瑕疵可以得到补正的,只有在诉权人催告公司除去瑕疵,而公司未在 3 个月内履行此项催告之后,才可以提起诉讼;第 365 条规定,公司如因意思要件的欠缺或一个股东的无行为能力被提起无效之诉时,所有相关人员可进行纠正和调整。

6. 法律效果

原告胜诉的判决效果包括:①具有对世效力,即原告、公司以及任何第三人,任何人不得再次提起无效之诉;②不具有溯效力。无效判决只对将来发生效力,判决之前的公司有效存在,成为一种"事实上的公司"(de facto corporation),已经发生的公司法律关系不受影响;③解散清算。公司一经被宣告无效,应当依法进行解散清算,清算终结后办理公司注销登记,公司消灭。

原告败诉的,公司存续,其他利害关系人可以再提起设立无效之诉,法院可以责令恶意起诉的败诉原告对公司承担赔偿责任,以抑制滥诉的发生。但因设立瑕疵在诉讼中得到补正,法院驳回诉讼的,不适用这一责任。

(二)我国的立法与解释

我国不存在人合公司,《公司法》没有规定公司设立可撤销制度,现实中也不存在这一必要。但是,关于《公司法》是否承认公司成立无效制度,则存在立法解释上的争议,司法实务的态度也不尽一致,有的地方法院存在此类判决,有的地方法院则拒绝受理此类案件。立法解释论上,有人认为,既然《公司法》没有直接规定该类诉讼,法院就不应创造出此类公司诉讼类型;有的则认为,虽然《公司法》没有明确规定,但既然公司设立属于法律行为,根据《民法通则》关于无效法律行为的规定,法院自然可以受理且做出公司设立无效的判决。事实上,公司设立无效之诉的成立不存在法理上的障碍,是否承认此类诉讼更多的是一项立法与司法政策的取舍,我国的立法机关与司法机关对此类诉讼持慎重态度,是立法没有直接规定的真正原因。

公司设立无效之诉的必要性。支持我国承认公司设立无效之诉理由主要有四:①英美公司法的瑕疵设立有效模式不适合我国国情。如果一方面法律严格规定公司设立规范,另一方面又缺失设立无效之诉,将损害法治的严肃性;②现行的行政解散权制度不足以维护公司设立的法治秩序,也有违行政权与司法权的分权原理,由法院来宣告公司设立无效而非行政机关直接强制解散公司,更符合企业维持原则的理念;③通过非法设立公司来逃避债务的现象严重,需要通过设立无效之诉来实现对于受害人的私法救济;④即使立法承认该类诉讼之后,司法政策坚持谦抑的慎用原则,不会造成对社会经济秩序的冲击,反而有利于实现企业维持主义的理念。

第五节　公司人格与能力

一、公司人格

(一)公司人格的概念

"人格"中的"人"是指民事权利主体,"格"是指成为这种主体的资格。人格即民事权利主体资格。近现代民法所认可的民事权利主体有两种:自然人和法人。公司是法人的一种,公司人格就是指公司作为民事权利义务主体的资格。在完成一系列公司设立的程序后,公司就取得了独立的人格,拥有专属的名称和住所,拥有独立于股东的法人财产,能够以公司自己的名义开展经营活动并且能够以自己的财产独立承担民事责任。公司人格制度的基本内涵有二:一是公司具有独立的人格,能独立对外承担责任的民事主体;二是公司的主体资格独立于公司的股东,法律确认公司与公司的股东相互独立,互不隶属,公司与其股东取得了同等的民事法律地位。这一特征使公司不因股东和成员的变更而变动,从而有效地维护了公司的经营和存续。

(二)公司人格要素

公司人格要素,是公司得以取得人格的基本构成要素。这是一个纯学理概念,不同于公司法规定的公司设立条件,也不同于公司人格的具体表现形式如独立的名称、住所、机关等。通常认为,公司人格由三个要素组成:①独立意思;②独立财产;③独立责任。

(三)公司的独立人格与公司法人格否认

公司法人格否认又称公司法人人格否认,指当公司股东滥用公司法人独立地位和股东有限责任来逃避债务,严重损害债权人利益时,债权人可以请求法院否认公司法人资格,以追究滥用公司人格的股东对公司债务承担连带责任。

公司法人格否认规则源于公司法人格的异化和股东有限责任遭到滥用的现象,开始于英美公司法判例,后为大陆法系公司法所学习,成为各国公司法的一项普遍规则。不过迄今为止,除我国外,还没有实现成文法,各国主要以法理或判例的方式在实际中运用。因此,大陆法系公司法称之为"公司法人格否认法理"。我国以成文法形式直接规定这一制度,故称之为"公司法人格否认规则"。

其公司法人格否认规则的特征：

（1）以公司取得独立人格为前提

既然要否认"公司法人格"，逻辑上当然以其具有独立人格为前提。至于公司人格取得是否具有合法性，则不是本规则适用考虑的因素。这一点使其与公司设立无效、撤销区别开来。若某公司未合法取得独立人格，也就无所谓独立人格的滥用问题。可见，公司法人格否认恰恰是以承认公司具有独立人格为前提的。

（2）仅适用于个案

公司法人格否认是在具体个案中对公司的独立法人格和股东有限责任的暂时否定，而非全盘、彻底、永久否定，既不涉及该公司的其他法律关系，也不影响该公司作为一个独立实体合法继续存在。本质上，对滥用公司独立人格和股东有限责任行为的纠正，恰恰是为了更好地恪守公司独立人格与股东有限责任原则。

（3）利益平衡机制

通过追究滥用公司法人格者的连带责任，对在公司独立人格与股东有限责任的制度框架内受到损害的债权人给予救济，以实现利益衡平，或者说"矫正的正义"。

二、公司的权利能力

（一）概念

公司的权利能力，指公司享有权利、承担义务的法律资格。公司的权利能力始于公司成立（并不是设立之日，严格来说公设立之日并不能将其成为公司），终于公司终止，伴随公司存续的整个过程。公司在其清算阶段仍然享有权利能力，但仅限于清算范围内的活动。

公司的权利能力及其范围在法律上的重要意义是：①判断公司是否享有某种特定权利或承担某种特定义务的标准；②判断公司从事的法律行为效力的标准。从公司法的角度研究公司权利能力,主要意义在于准确界定公司权利能力的范围,因为这关系到公司行为的效力问题。

（二）范围

按照"法不禁止即自由"的私法理念与法律行为准则,只要法律不设限制。原则上,现代公司法倾向于概括性地赋予公司广泛的权利,也即授权公司根据情况对某些权利进行自我限制。根据私法的基本理念以及各国公司法的一般做法,公司权利能力范围受到来自三个方面的限制。

1. 自然性质的限制

公司不具有自然人所特有的自然性质如身体、性别、种族等,故也不享有自然人基于自然性质而享有的权利,如生命权、身体权、健康权、肖像权、婚姻自由权等人身权。专属于自然人的义务,如私法上的扶养义务公司也当然不能负担。这一法理在各国都是获得尊重与承认的。

2. 自身意思的限制

公司可以依据自身的意志来限制自己的权利能力,符合私法自治原则的理念,只是英美法系和大陆法系采用了不同的路径设计。

（1）大陆法系的公司目的理论

公司目的,指设立公司意欲从事的事业,因其需要记载于公司章程之内,故又称目的条款。大陆法系公司法普遍将目的条款作为公司章程的绝对必要记载事项之一,英美法很少这样做。

公司目的范围是公司权利能力的具体表现,但是公司的权利能力是否受公司目的范围的限制,是各国公司法所面临的普遍问题。这涉及公司目的条款的性质判断。大陆法系一度采用目的范围限制权利能力的原则,但演变至今最终放弃,各国现行法普遍承认公司目的以外的行为有效。

（2）英美法的越权理论

英美法通过越权理论来解决这一问题。早期的英国法认为，公司的活动不能超越其目的范围，否则无效。这就是普通法上著名的越权理论。

越权理论严重损害交易安全，遭到现代英美公司法的遗弃。目前，越权理论仅在某些特定情形下适用，如法律可能要求特定行业（如金融业）的公司应当在章程中规定经营范围，且只能从事该行业的经营。

（3）我国的规定与实践

两大法系做出上述殊途同归的调整，其共同的法律背景是，将公司目的范围等同于公司权利能力范围，这样做一方面无异于禁锢了管理层的手脚，违背了公司的营利原则，另一方面也严重损害了交易安全。这一经验对于我国的法律演变具有借鉴意义。

我国曾经长期将核准登记的企业经营范围当做其权利能力的范围，要求企业应当在经营范围内从事经营，凡超越经营范围、方式所签订的合同一概无效。这些做法是计划经济体制下的产物，与市场经济体制格格不入。在之后逐渐受到修改。

《公司法》中第12条规定，"公司的经营范围由公司章程规定，并依法登记。公司可以修改公司章程，改变经营范围，但是应当办理变更登记。公司的经营范围中需要法律、行政法规规定批准的项目，应当依法经过批准"。这一规定包含了这样几层意思：

①公司的经营范围由章程确定，并随章程的登记而登记；

②公司的经营范围可以变更，在变更的过程之中必须修改公司章程并进行变更登记；

③公司的经营范围中属于法律、行政法规规定须经批准的项目，应当依法经过批准。

可以看出，在公法规范上，尚未放弃对公司经营范围的行政管制，经营范围乃公司章程的必要记载事项，公司章程变更经营范围条款的，也要执行公司登记变更手续，否则会受到行政处罚。但在私法效力方面，这一规定保持了与《合同法》及其司法解释的一致,重申代表权限制说,且不再将公司的经营范围与权利能力范围混为一谈,不再仅仅因为公司超越经营范围而认定其签订的合同无效。

3.《公司法》的特别限制

在大陆法系公司法,公司法人的权利能力还要受到公司组织法的特别限制,体现在对公司若干非典型经营行为的限制。这些限制,在英美法上被称为对公司权力的限制。公司权力是英美公司法的一个重要概念,可视为公司权利能力的具体体现。早期英美公司法对公司权力予以列举,对普通公司进行某些非典型交易行为的权力予以特别限制,包括转投资、担保、贷款、捐赠等,现代公司法对这些权力的限制加以了简单的概括,赋予公司广泛的权力,承认公司"享有与自然人相同的从事一切必需或者必要的活动以执行其营业或者事务的权力,除非公司章程另有规定",同时也授权公司根据情况对某些权力进行自我限制。

三、公司行为能力与法定代表人

（一）公司行为能力的含义及特点

公司的行为能力是指公司基于自己的意思表示,以自己的行为独立取得权利和承担义务的能力。公司是否具有行为能力由一国法律理论关于法人本质的认识决定。关于法人本质的认识,在法学史上存在着两种不同的学说。一种是以萨维尼为代表的"法人拟制说",该说认为自然人是权利义务的主体,法人只不过是出于需要而产生的。法律将其拟制为自然人以确定团体利益的归属。法人只存在于法律世界,存在于人们的观念之中,而非实际存在的民事主体,只有具有意思能力的主体才具有行为能力,所以公司无行为能力,公司董事依公司章程授权所为的行为是代理行为,法律后果由公司承担。另一种是以基尔克为代表的

"法人实在说",这个学说的核心理念是一致的,该说认为:法人是社会有机体或社会组织体,是一种客观存在,公司具有团体意思,公司机构是其意思能力的表达机构。公司机构是法人组织的本质部分,并且与法人的关系是一体的关系,而不是代表或代理关系。董事会是法人机关,其职务行为是公司行为。所以,公司具有独立的意志,具有行为能力。

（二）公司代表人

公司代表人,即代表公司对外实施法律行为承担法律责任的公司代表机关,或者指该机关的担当人,视不同情形而定,但最后须由自然人担任。由于代表人通常由董事担任,所以习惯称之为"代表董事"。不过,我国公司法将代表人选扩张至公司经理。在我国《公司法》上,代表人不一定享有公司内部的业务执行权,但肯定对外享有公司代表权,具体表现为:代表人对外具有进行营业上和诉讼上一切行为的权力,如代表公司对外签约,或者代表公司参加诉讼、仲裁等。在此意义上,代表人的代表权几乎与公司行为能力无异。

公司代表人以公司名义与第三人进行的行为,在法律上就是公司本身的行为,法律效果当然归属于公司,即适用"代表"而非"代理"规则。各国公司法上的公司代表人模式有共同代表制、法定代表制、单独代表制及任意代表制等四种。

我国历来采取一元制法定代表人。《公司法》第 13 条规定,"公司法定代表人依照公司章程的规定,由董事长、执行董事或者经理担任,并依法登记"。这一规定允许公司章程在董事长、执行董事与经理之间决定法定代表人人选。实践证明,一元制法定代表人给公司治理带来一些制度性障碍。比如会最高领导人的权利过大易于腐败等当前较为严重的问题。

此外,《公司法》还规定了特定情况下的公司代表人。《公司法》第 53 条规定,董事、高级管理人员执行公司职务时违反法律行政法规或者公司章程的规定,给公司造成损害的,由监事或监事会代表公司提起诉讼。《公司法》第 184 条规定,清算组在清算期间代表公司参与民事诉讼活动。可见,在特定情况下,监事(会)、清算组得对外代表公司。还有,发起人作为设立中公司的机关,得代表设立中公司从事公司设立行为。

(三)代表行为

公司代表人最终由自然人担任,但自然人在生活中具有多重身份,其所为的行为属于个人行为的,由个人承担责任;属于代表行为的,由公司承担责任。所以,需要甄别哪些行为属于代表行为。一般认为,代表行为的构成要件包括:

1. 具有代表人的身份

如果公司章程规定董事长、执行董事或总经理担任公司代表人,某个自然人经过合法程序一经取得董事长、执行董事或者总经理职位,即取得代表人身份。至于是否经过工商登记并不一定需要,因为工商登记属于代表人身份的公示行为,并非生效要件。

对于公司的代表人地位的取得在公司实践中存在两类问题:某自然人非经合法程序取得董事长、执行董事或者总经理职位,但已经工商登记公示;或者,已经工商登记为公司代表人,其后依法失去董事长、执行董事或者总经理职位而未经工商变更登记。在上述两种情形下,该自然人都应被认定为不具有公司代表人的身份,但基于工商登记的公信效力,不知情的第三人可以合理信赖其为公司代表人,故需要对公司的代表人进行及时有效的管理,防止出现差错以免多公司造成损失。

2. 以公司的名义

从另一个角度来看,不以公司的名义而以个人的名义所为的行为必然为个人行为,不属于代表行为。所谓"以公司的名义",包括明示的以公司的名义和公司意思表示的外在推定形式。以下情形,可以推定为以公司的意思表示,除非有相反的证据推翻该推定：

(1)公司代表人签章。以公司代表人名义签章构成公司意思表示的外在推定形式,除非有证据证明代表人签约行为越权,且相对人知道或应当知道。

(2)公司印章。《合同法》第 32 条规定,"当事人采用合同书形式订立合同的,自双方当事人签字或者盖章时合同成立",足以表明立法承认印章是公司的意思表示的外在推定形式。我国的商事交易习惯也广泛认可这一情形。

3. 在代表权范围内

超越代表权的代表行为无效,除非有特殊的规定或是特殊的条件。《合同法》第 50 条规定,"法人或者其他组织的法定代表人、负责人超越权限订立的合同,除相对人知道或者应当知道其超越权限的以外,该代表行为有效"。何谓"相对人知道或者应当知道",涉及代表权限范围。公司代表人的代表权限制情形通常有三。

(1)法律、行政法规的直接限制。《公司法》没有专门的条款直接且明确地限制公司代表人的代表权限,在立法解释上,立法对股东(会)、董事会的权力授予,以及对董事、经理的权力限制,可以视为对代表权的限制。

(2)公司章程的限制。公司章程限制代表权条款虽然随章程的登记公示而公示,但与法律、行政法规的直接限制不同的是,为了保护交易安全,这并不足以构成"相对人知道或者应当知道"的证据。

(3)董事会、股东会决议的限制。股东会、董事会限制代表人权力的决议一般不对外公示,所以,通常情形下相对人不知道或者不应当知道该决议的限制内容,除非公司举证某特定相对人经过某特定渠道知道或者应当知道该决议的限制。

(四)代表行为有效与公司的意思表示有效的区别

代表行为有效,仅仅表明代表人的意思表示构成公司的意思表示而已;公司的意思表示有效,不但以代表行为有效为前提,并且要符合意思表示(法律行为)的生效要件,如此才能产生法律效力。所以,代表行为有效并不表明代表人代表公司所为的意思表示(如签订的合同)一定有效,是否有效还要看其是否符合意思表示的生效要件。

我国司法实践中突出的问题是:将董事长的代表行为无效和董事长代表公司签订的合同无效混为一谈,从而错误地适用行为效力规则与责任规则,将本应由董事长个人在公司内部承担的责任,错误认定为公司对外向相对人承担合同无效的缔约过失责任。

四、公司的责任能力和诉讼能力

公司具有独立的法人资格,公司以其独立财产对公司行为的法律后果承担责任。能够独立承担责任,是公司独立人格的本质所在。依法设立的公司,除了具有权利能力和行为能力之外,还应当具有责任能力和诉讼能力。公司的责任能力具体包括:民事责任能力、行政责任能力、刑事责任能力。诉讼能力则是指在实现上述责任能力时,公司能够充当诉讼当事人的资格。

(一)公司民事责任能力

公司民事责任能力,学界通常将其称为公司侵权行为能力。公司的侵权行为能力,指公司承担侵权损害赔偿的责任能力。"法人实在说"承认公司具有侵权能力,有利于保护受害人利益。多数公司法接受"法人实在说",我国亦然。我国《民法通则》第43条的规定,"企业法人对它的法定代表人和其他工作人员的经营活动,承担民事责任",被认为是对公司侵权行为能力的一般规定,适用对象较宽泛。

公司直接向受害人承担赔偿责任后,可否向其法定代表人、工作人员追偿。这在我国民法之中虽然没有明确规定,但是在

《公司法》第 149 条规定,管理层执行公司职务时违反法律行政法规或者章程的规定,给公司造成损失的,应当承担赔偿责任。公司向受害人承担的赔偿责任应当认定为公司受到的损害。所以,公司可以据第 149 条的规定要求行为人(董事、监事或高级管理人员)向公司承担赔偿责任。

一些国家、地区的公司法规定,公司负责人、代表董事等职务人的行为致人损害的,与公司一道对受害人直接承担赔偿责任,以加强其执行职务的谨慎意识,防范公司侵权行为的发生,并且,受害人也可以获得更多的赔偿机会。但我国公司法缺乏关于这一连带责任的系统规定,目前仅见于《证券法》第 69 条的规定:发行人、上市公司公告的招股说明书、公司债券募集办法、财务会计报告、上市报告文件、年度报告、中期报告、临时报告以及其他信息披露资料,有虚假记载、误导性陈述或者重大遗漏,致使投资者在证券交易中遭受损失的,发行人、上市公司应当承担赔偿责任;发行人、上市公司的董事、监事、高级管理人员和其他直接责任人员应当与发行人、上市公司承担连带赔偿责任,除非能够证明自己没有过错。据此,管理层、其他直接责任人员与上市公司一道,对虚假陈述损害赔偿承担连带责任。

(二)公司的行政责任能力、刑事责任能力

公司的行政责任能力、刑事责任能力均属于公法上的责任能力,故将二者归为一类。公司的行政责任能力,是指公司违反法律的规定而应接受行政处罚的能力。《公司法》中有许多关于公司应承担行政责任的规定,具体责任形式主要包括:罚款、撤销公司登记、吊销营业执照、没收违法所得等。

关于公司的刑事责任能力或犯罪能力,在法理上颇具争议,各国法律的规定也不尽相同。我国法律已确认公司可作为犯罪主体,这在刑法、公司法、海关法上均有体现。因为公司可以成为各种法律责任主体,当其行为触犯刑律时,即构成犯罪,理应承担相应的刑事责任。但是,对公司犯罪责任的追究应当注意两点:

一是只能对公司处以罚金制裁,不可能对其处以人身自由刑和生命刑;二是要同时追究造成公司犯罪的直接主管人员和其他责任人员的刑事责任。

(三)诉讼能力

诉讼能力是指在实现民事、行政和刑事责任能力的过程中发生诉讼时,公司能够充当诉讼当事人的资格。具体表现在公司既可以作为民事诉讼的当事人,充当民事诉讼的原告或被告;也可以作为行政诉讼的原告或刑事诉讼的被告人。

第二章 公司章程的发展

公司章程对公司的作用,好比宪法对国家的效力。公司章程是公司的核心文件,是公司行为的根本准则。公司股东通过对章程内容的设计和安排,制定出最符合股东利益、公司目的、公司运营特点的权利义务指南和操作规范,最大限度体现公司股东的意志,实现公司自治。

第一节 公司章程的新变化

2013年《公司法》修订后,资本制度发生重大变化,更强调公司自治,因此,公司股东完全可以通过重新写作或修订章程,把握更多灵活空间。

一、公司章程的概念与特征

（一）概念

公司章程,又称公司宪章,有形式意义和实质意义之分。实质意义的公司章程,指关于公司组织与行为的基本规则本身;形式意义的公司章程,指记载上述基本规则之书面文件。两大法系的形式意义的公司章程有很大差别。

英美公司法在形式上将公司章程分为两部分。在英国,分为组织大纲和组织章程。在美国,分为设立章程和章程细则,前者是在公司设立时需要向州务卿报送注册的公司文件,后者是公司根据设立章程而制定的有关公司治理的内部规则。组织大纲(英)和组织章程(美)又称公司的外部宪章,规定公司的外部事务,诸如公司的名称、户籍、目的、营业性质、成员的责任形式、注册资本等。狭义的公司章程就是指公司的外部宪章。组织章程(英)和章程细则(美)又称公司的内部宪章,负责调整公司和股东、股东间的内部权利义务关系,规定公司的内部事务,诸如股份的发行、转让、公司会议、表决权、董事及其职责、秘书、股利、账户、审计、解散及其他内部事务。

大陆法系公司法的公司章程在形式上一般没有内、外之分,只有一份被称为"公司章程"的文件,在内容上一般记载公司的名称、宗旨、资本总额、组织机构以及其他重要事项,涵盖英美法的上述两个文件的内容。

英美公司法将公司章程一分为二,并由法律赋予不同的订立与修改的主体、程序,以及不同的内容与效力,将公司最重要的涉外事项记载在设立章程大纲中,而将数量众多的内部事项规定于(组织章程)中,内外有别,疏朗有致。比较而言,这种做法更为科学。设立章程(组织大纲)是公司的基本章程,目的是使公司投资者以及与公司进行交易的第三人了解公司的基本情况,涉及对外部人(投资者、债权人和其他社会公众)利益的保护,因而,其内容是法定的,须由股东全体同意制定、修改且须注册登记,供公众查阅,故称为公司设立证书。英国公司法还附有公司组织大纲的标准格式。而组织章程的内容较为复杂,是对公司组织大纲原则性规定的细化,不得与后者相冲突,只作为公司的内部治理文件存在,通常被视为公司与股东以及股东间的契约;在技术层面上,由于不涉及外部人的利益保护,无须报送登记注册或者备案(一个例外是,英国、我国香港地区的保证有限公司的组织章程须与组织大纲一起注册)。

《公司法》采用单一形式的公司章程,没有章程和细则之分,当然也不承认公司细则的地位。但证监会《上市公司章程指引》

等规范性文件直接使用了这一概念,规定董事会可依照章程的规定制定章程细则。

（二）特征

公司章程作为规范公司组织与行为的基本规则,与一般的公司规范文件相比,具有以下法律特征。

1. 法定性

公司章程的法律地位、制定与修改、内容与形式以及效力均由公司法明确规定。①不可或缺。在强制登记主义下,公司章程是公司成立的法定条件之一。《公司法》第 11 条要求设立公司必须依法制定公司章程。②内容法定。公司章程的内容多由公司法直接规定,其中绝对必要记载事项不得遗漏;公司章程的内容不得与法律的强制性规范相抵触。③形式法定。公司章程必须采用书面形式并履行法定备案或登记手续。④制定与修改法定。公司章程的制定必须遵照法定的权限与程序,且非因法定事由并经法定程序,不得修改。⑤效力法定。公司法一般直接规定公司章程的效力范围。

公司章程的法定性直接影响公司章程的效力。如果公司章程的内容、制定、修改等违反法律的强制性要求,将导致公司章程无效。公司章程的法定性实质上反映了国家对公司的干预。

2. 真实性

公司章程内容的记载必须与事实相符。在现代公司“两权”分离的背景下,公司章程成为维持公司、股东及管理层利益平衡的基本工具,因此,公司章程的真实性事关股东权利、义务的维护。公司章程的真实性通过公司章程的法定性和公开性来体现,章程的法定性乃其真实性的前提和基础,而公开性则是真实性的保障和监督。从公司组织法的角度,公司章程的虚假记载可能发生的法律后果有:①不予登记。登记机关审查公司章程时发现虚假记载的,将不予登记。②承担民事责任。公司章程需要对外公示,第三人可以合理信赖,在公司成立后发现章程记载有虚假内容时,将构成对第三人的欺诈,制定人应对此承担连带责任。如德国《有限责任公司法》与《法国民法典》均有规定。③遭受行政处罚。《公司法》第 198 条规定,提交虚假材料或者采取其他欺诈手段隐瞒重要事实取得公司登记的,可以处以罚款、撤销公司登记或者吊销营业执照。

3. 公开性

公司章程公开对于公司的长期发展还有重要影响。首先,公司章程公开能够降低公司融资成本。无论是公司进行债务融资还是股权融资,都必须正面面对第三方的审查,其中公司章程是一个重点内容。其次,公司章程的公开有利于企业全体股东了解公司的经营范围和经营原则,从而坚定支持公司的发展。

公司章程的主要调整对象虽然是公司内部的组织关系,然而作为公司成立和发展的基础性文件,对不特定的第三人和社会公众的利益同样有重要影响。因此,世界各国法律皆要求各国公司能够以一定的方式公示公司章程的内容。我国公司法对公司章程公开的规定如下:

第一,所有公司都应注册登记(《公司登记管理条例》第 20、21条)。公司章程的注册登记制度能够使利害关系人在工商登记簿查阅相关内容。《公司法》第 6 条第 3 款规定,"公众可以向公司登记机关申请查询公司登记事项,公司登记机关应当提供查询服务"。

第二,公众可以查阅复制有限公司章程。

第三,公众不仅可以查阅股份公司章程,股份公司还应将公司章程置备于公司。

第四,上市公司章程若要修改还应通过相关渠道及时向社会公布。

第五,外国公司的分支机构则必须置备该外国公司的章程。

第六,公司在向社会公开发行股票或者债券的,公司章程须报主管机关审核。

在实务中,我国公司法面临的实际问题是主管机关并没有为公众提供足够的公司章程查阅便利,使得公司章程查阅存在获得性障碍。

4. 自治性

公司章程由发起人(股东)共同制定,是股东意思自治的产物。章程的自治性可以从四个方面来理解。

(1)在订立主体上,公司章程作为一种行为规范,是由公司依法自行制定的。每个公司依公司法制定的公司章程,充分反映本公司的个性,为本公司提供具体的行为规范。

(2)在效力范围上,公司章程的效力仅及于法定的主体范围,不具有普遍的约束力。

(3)在执行机制上,公司章程是一种法律以外的行为规范,主要由公司自己来执行,国家仅像保障契约履行一样对公司章程的执行提供司法保障。

(4)在自治的程度上,公司章程自治以不违反法律的强行性规定为前提。公司章程的法定性和自治性的关系,是公司法上国家强制与公司自治关系的一个缩影。

二、公司章程的性质

关于公司章程的性质,国内外主要有三种学说:

第一,自治法说。认为公司章程是公司根据国家赋予的"公司自治立法权"而制定的关于公司组织和行为的自治法规,不仅约束制定者,也约束公司机关及后加入的股东。因此,章程具有自治法规的性质,公司内部各主体必须遵守之。自治法说流行于德、日等大陆法国家,甚至有日本学者视之为公司法的渊源之一。

第二，契约说。认为章程是发起人就设立公司的权利、义务而达成一致的意思表示，且章程制定后即对发起人产生约束力，因此本质上，公司章程就是发起人之间达成的契约。契约说主要流行于英美法国家。德国传统上也认为公司章程乃股东之间的"合同"，即股东之间平行的意思表示，如《有限责任公司法》《商法典》直接将有限公司、无限公司、两合公司的章程称为"公司合同"。

第三，宪章说。认为公司章程是带有宪章性质的法律文件，是股东和公司从事商事活动的行动纲领，规定了公司最为基本的规则，公司其他文件都不得与其发生矛盾。

以上三种学说各有一定道理，分别揭示了公司章程在某一方面的特征，但宪章说没有揭示章程的法律性质，自治法说与契约说在法律逻辑上也各有缺陷：自治法规在各国都不是正式的法律渊源，自治法说在立法上不被人接受；契约说强调了契约与章程在精神上的相通，但忽视了契约与章程的具体差异（订立与变更的形式要求不同，效力范围也不同），亦不能准确解释公司章程的性质。但三种学说有一点是共同的，即都承认公司章程具有自治性，是公司自治的重要载体。

公司章程与合同的区别。二者确有相同之处，但在大陆法上也存在具体规则的差异：①订立、变更的要求不同。章程的订立与变更，并不完全要求全体当事人一致同意。在我国，有限公司、发起设立股份公司的章程虽由全体发起人一致同意才能制定，但修改只需要"三分之二"以上表决权多数同意。至于募集设立股份公司的章程，其制定与修改都不需要全体发起人（股东）的同意。这突出表明章程是一种团体法律行为，与作为双方法律行为的合同存在差异，合同的订立与变更，均以当事人的意思表示一致为要。②效力的范围不同。章程可以约束不赞成章程的股东、不参与订立的管理层、未参与订立的后加入股东，以及无法参与订立的公司本身四类主体；但合同基于相对性原理仅能约束订约当事人。

三、公司章程的法律地位

公司章程在现代公司法上的地位,可以从五个方面描述。

(1)法定的公司设立条件之一。各国公司立法普遍规定,章程是公司设立的必备条件,无章程,公司不得设立。

(2)公司组织与行为的基本自治准则。公司的基本准则主要有两个:一是公司法,二是公司章程。国家有宪法,公司有章程,章程之于公司的作用犹如宪法之于国家的作用,因此,作为公司自治规则,公司章程获得了"公司宪章"之美誉,成为公司制定其他规章的重要依据。

(3)有法律约束力的文件。公司章程核准登记,政府负有保证其执行的责任。这样,章程就成为一种具有法律约束力的文件。

(4)政府管理公司的基本依据。发起人以公司章程作为公司设立的文件之一向登记机关申请登记,就意味着公司向政府提交了一份书面保证,保证按照章程所定的准则从事组织和经营活动,并接受政府的监督。

(5)对外信誉证明。公司章程对外公开,是公司对外最重要的资信证明文件。

四、公司章程的效力

(一)时间效力

1. 生效时间

关于公司章程的生效时间,由于各国公司设立模式的差异,不存在统一的规定。就我国公司法的规定而言,公司章程的生效时间更加复杂,理论界存在很大争议。在此,有必要区分初始章程的成立与生效,以及对于不同对象的生效时间。

所谓初始章程,是在公司设立阶段,章程成立在先,公司成立在后,自然不具有规范公司的效力,主要是作为申请设立公司与募集股份的必要文件而存在,故有的国家的公司法将这种章程称为初始章程。

(1)初始章程的成立

制定人在公司设立阶段就公司章程的主要条款达成一致,形成书面文件,初始章程即告成立。具体而言,在我国,有限公司、发起设立股份公司由全体或者部分发起人拟订章程条款,只要全体发起人在上面签字、盖章,初始章程即告成立;在募集设立股份公司,由全体或者部分发起人负责拟订章程条款,交由创立大会审议通过,初始章程亦告成立。可见,初始章程的成立,都体现了全体初始股东(制定初始章程的发起人以及参与初始章程审议的认股人)的共同意志。

(2)对发起人与首届董事、监事的生效时间

初始章程依法成立后何时生效,要视不同对象而定。对于发起人(公司成立后才能称为股东)与首届董事、监事,初始章程成立时即对其生效,虽然此时公司尚未成立。所以,《公司法》才顺理成章地规定:在公司设立阶段,有限公司的股东(应该称为“发起人”)应当按期足额缴纳“公司章程”中规定的各自所认缴的出资额;发起设立股份公司的发起人应当书面认足“公司章程”规定其认购的股份并履行首期出资的缴纳义务;以募集设立方式设立股份有限公司的,发起人认购的股份不得少于公司股份总数的百分之三十五;但是,法律、行政法规另有规定的,从其规定。发起人认足公司章程规定的出资后,应当选举董事会和监事会,由董事会向公司登记机关报送公司章程以及法律、行政法规规定的其他文件,申请设立登记。

(3)对公司的生效时间

初始章程连同设立登记申请等文件报登记机关审核登记,公司设立登记申请经核准登记后签发企业法人营业执照,公司宣告

成立。此时,初始章程经审核登记后,成为对同时成立的公司具有约束力的法律文件,开始约束公司本身。至此,公司章程在公司成立后全面生效,包括公司成立后加入的股东和第二届董事、监事,以及公司高级管理人员,均自其取得股东身份或者任职后产生效力。

发起人协议与公司章程的关系。二者之间存在着密切联系:目标都是设立公司;基于同一目标,在内容上也有许多相同之处,注册资本、股东出资等事项构成二者的主要条款。在股份公司设立实务中,发起人协议的主要内容为章程所吸收。但二者的性质和功能毕竟不同,由此导致最大的差异是效力不同。其一,对人的效力范围不同。发起人协议仅在发起人之间具有约束力;公司章程对公司、股东、管理层均有效力,范围显然不限于参与章程制定的主体。其二,最关键的是时间效力不同:发起人协议调整公司设立法律关系,因而效力期间始于设立行为、终于公司成立。如前所述,如没有特别约定,发起人协议在公司成立后因其目标达成而失去效力。这一认识的司法意义是:当事人在公司成立后诉请确认发起人协议无效或解除发起人协议的,应予驳回。发起人协议在公司成立后已告终止,发起人协议解除之诉自然不能成立,发起人协议无效之诉也丧失了意义,此时判决协议无效不会对于改变当事人之间实体权利义务关系产生任何实际意义。公司章程的效力通常始于公司成立,但在公司成立前已经对发起人等主体产生效力。

2. 失效时间

公司章程的失效可分为两种情形:

其一,因公司设立失败而失效。公司章程为公司而制定,公司未成立,章程自然失去效力。

其二,因公司终止而失效。公司成立后,因为某种原因而终止的,其章程也自然失去效力。于此情形,公司章程于公司终止时失去效力。《公司法》第81条规定,"公司的解散事由与清算办法"属于股份公司章程的绝对必要记载事项。由此可见,章程在公司清算阶段还未失效。

（二）对人效力

公司章程的对人效力,分为对内效力和对外效力。各国公司法对此规定不尽相同。《公司法》第11条规定,"设立公司必须依法制定公司章程。公司章程对公司、股东、董事、监事、高级管理人员具有约束力"。可见公司章程只对公司内部人发生效力,对于外部人如债权人不发生拘束力。

1. 对公司的效力

公司章程自公司成立即对其生效,在内容上包括对内效力和对外效力,前者集中表现为章程对公司内部的组织和活动的约束力,后者则表现为章程对公司目的事业的限制和代表权的限制。

公司章程可以成为判断公司行为效力与责任的依据。《公司法》第22条第2款规定,公司会议召集程序、表决方式违反公司章程,或者决议内容违反公司章程的,股东可以诉请人民法院撤销。可见,公司行为违反公司章程的,可以构成可撤销的行为。

2. 对股东的效力

公司章程对股东的效力。不仅及于初始股东,还及于公司成立后的加入股东,无论参与公司章程制定与否。不同的是,公司章程对初始股东的效力始于章程成立之时,对后加入股东的效力则始于其加入公司之时。

实际上,出资义务履行之后,股东对公司不再负有其他积极义务,因此,公司章程对于股东的效力,更多地表现为规定股东的权利及其行使与救济。

3. 对管理层的效力

管理层即董事、监事和高级管理人员,负责公司经营决策、公司事务的执行和监督,处于公司治理的核心。《公司法》第 11 条、第 147 条都规定公司章程对管理层的约束力。

同时,公司章程有关公司组织机构及其产生办法、职权、议事规则的规定,也是管理层行使职权的重要依据。其中,公司章程是董事会、监事会、执行董事与经理职权的重要来源之一,例如《公司法》第 49 条第 2 款和第 113 条第 2 款规定章程可以对经理的职权另行规定。公司章程还可以决定监事会的具体构成,《公司法》第 51 条第 2 款与第 117 条第 2 款规定,监事会的职工代表的具体比例由章程规定。

公司章程还可以在公司法之外进一步规定管理层个人的责、权、利,比如董事的报酬、责任保险、离职补偿、竞业禁止义务等。

公司章程还是追究管理层民事责任的依据之一。《公司法》第 149 条规定,管理层执行公司职务时违反公司章程的规定,给公司造成损失的,应当承担赔偿责任;第 112 条第 3 款规定,董事会的决议违反公司章程,致使公司遭受严重损失的,参与决议但未表明异议并记载于会议记录的董事对公司负赔偿责任。

五、章程的新变化

针对新法的调整,公司章程随之进行调整之处有如下几个方面。

(一)关于实收资本

新法规定,实收资本不再是工商营业执照登记的记载事项,但有限公司股东仍然需要按照其认缴的出资额承担有限责任,因此公司章程当中需要新增关于认缴金额和缴付期限的规定。如果是已经缴付完毕的,应当注明实缴金额。

（二）关于注册资本

新法规定,有限公司和股份公司均不再设法定最低注册资本,货币出资最低 30％也随之取消,技术出资或者其他可以评估的实物出资将成为现实。因此,如何在章程当中灵活规定出资形式和期限,需要考虑众多因素。

（三）关于验资程序

新法规定,股东依据公司章程缴足认缴的出资后,直接由全体股东指定的代表或者共同委托的代理人申请登记即可,不需要进行验资,因此需要对章程内容进行相应调整。

（四）关于出资证明和股东名册

新法规定,公司不再需要将股东出资额向公司登记机关登记,只需出具出资证明和记载于股东名册。目前,这两份文件的制作和保存在大多数公司日常经营当中其实并不规范,甚至不多见。但在新法颁布后,工商管理机关必定将大幅增强抽查公司规范经营的力度,检查出资证明和股东名册等项目的几率也必然会增加,因此对于出资证明和股东名册也应该引起重视,在章程当中加入相应规定。

（五）关于股份公司发起人的违约责任

新法规定:"以发起设立方式设立股份有限公司的,发起人应当书面认足公司章程规定其认购的股份,并按照公司章程规定缴纳出资。以非货币财产出资的,应当依法办理其财产权的转移手续。发起人不依照前款规定缴纳出资的,应当按照发起人协议承担违约责任。发起人认足公司章程规定的出资后,应当选举董事会和监事会,由董事会向公司登记机关报送公司章程以及法律、行政法规规定的其他文件,申请设立登记。"

前述规定进一步明确了发起人的违约责任范围,因此公司章程需要作相应的调整。

第二节 公司章程的制作原则

一、制定公司章程须遵循的准则

基于公司章程的性质与法律地位的理解,公司章程制定的一般准则包括以下几个方面。

（一）不重复

公司法已作明确规定的内容,公司章程无须再作记载。美国《示范公司法》第 2.02 条（c）款特别规定:"章程大纲不必记载由本法授予的任何公司权力。"在我国公司实务中,由登记机关"推荐"的公司章程范本往往大量简单照抄照搬《公司法》的规定,这些范本又被事实上强制性地采用,导致大多数公司章程与公司法规定之间的重复惊人。做到不重复,是正确处理公司章程与公司法之间的关系,实现二者有机耦合的第一步。

（二）个性化

突出每个公司章程的个性,是实现公司自治的基础。现实生活中的公司千姿百态,公司自治反映在公司章程的内容上,应该表现为每家公司尤其是每家封闭公司的章程都是不同甚至五彩缤纷的。因为每家公司的资本规模、股权结构、股东个体情况、管理者个体情况都不相同,公司章程的内容自然千差万别。章程如缺乏个性化设计,公司自治也就流于空话。在我国,由于章程大量、简单地重复《公司法》的规定,形成了千篇一律的局面。这说明公司章程的自治价值远未受到应有的重视。要解决这一问题,需要培养投资者、经营者的章程意识，使他们认识到通过章程来建立权利授予机制、运行机制、约束机制与救济机制的重要意义。

（三）不违法

尽管新公司法非常强调公司章程的自治程度，但是这种自治肯定是相对的，都要遵守这么一条法定原则，即"设立公司必须依法制定公司章程"。因此，新法明确规定，"公司股东会或者股东大会、董事会的决议内容违反法律、行政法规的无效"。另外，新公司法对公司自治权扩大的同时，国家必然也会逐步建立起相应的信用监控体系，以防止一些不怀好意之人滥用公司自治权利来谋取不正当利益。企业想健康持续发展，自治权的行使最终还是需要回归到合乎法律的框架内。①

（四）可操作

公司章程应注意填补公司法的授权性空白和立法漏洞，增强规则的可操作性。对于"除本法另有规定的外，由公司章程规定"的立法条款，各国公司法都授权公司章程做出具体规定，对于人合公司或封闭公司更是如此。公司法的这类规定若属授权性空白，则公司章程的规定具有补充效力；若仅规定一定的幅度或范围，则在该幅度或范围内，章程可以自由选择；若由于立法缺陷而留下非授权性空白，则应根据公司法精神及公司法原理具体确定。

（五）有弹性

在章程内容的稳定和变动之间保持动态的平衡，维持可持续发展的机制。公司章程一经通过，不得随意变更，但并非一成不变，应依据实际需要按照法定程序适时修改，保持章程内容的弹性与可持续发展。

---

① 高云．新公司法实务操作指南[M]．北京：法律出版社，第63页

二、公司章程的修改

公司章程的修改,指在公司章程生效之后,增加、删减或变更公司章程的内容。公司根据客观需要适时修改章程存在必然性。基于公司章程的法律地位,各国公司法对公司章程的修改程序与内容加以严格限制。

(一)修改事由

参照《上市公司章程指引》(2014 年修订)第 188 条的规定,公司章程的修改事由包括:①法律、行政法规修订后,章程规定的事项与修法后的规定相抵触;②公司的情况发生变化,与章程记载的事项不一致;③股东大会决定修改章程。

(二)程序限制

1. 提案

股东会定期会议、临时会议均可修改章程,因此股东会的提案权人均可提出修改章程的提案。依我国公司法的规定,提案权人具体为:有限公司代表十分之一以上表决权的股东、三分之一以上董事或者监事;股份公司董事会、持有股份 3% 以上的股东、监事会。在实践中,修改章程的提案大多由董事会提出,交股东会审议通过。

2. 议决

依《公司法》第 37 条、第 99 条,股东会拥有修改公司章程的专属职权,不得转授其他机关或者个人行使。各国公司法均将修改公司章程视为特别决议事项,适用绝对多数决规则。《公司法》第 43 条第 2 款规定,有限公司修改公司章程的决议,必须经代表三分之二以上表决权的股东通过;第 73 条规定,有限公司股东依法转让股权后,对公司章程的该项修改不需再表决;第 103 条第 2 款规定,股份公司修改公司章程须经出席股东大会的股东所持表决权的三分之二以上通过。

3. 变更登记

修改公司章程涉及登记事项的,应当变更登记。章程修改后的变更登记不是生效要件而是对抗要件,章程修改在修改决议通过后即生效力,除非修改内容涉及法定的批准事项(《公司法》第 12 条)。依《公司登记管理条例》第 36 条,公司章程修改未涉及登记事项的,不必变更登记,但应当将修改后的章程或者修正案送原登记机关备案。

我国公司实务中遇到的一个突出问题,就是多数股东借公司章程修改之机利用表决权优势进行有利于自己、损害少数股东的内容修改。有鉴于此,法律必须对公司章程修改的内容有所限制:

(1)章程修改不得删除绝对必要记载事项。绝对必要记载事项属于公司法的强制性规定,当然不得删除。

(2)非经股东同意,章程修改不得变更该股东的既得权益。如股份公司初始章程载明了发起人在优先认购新股、剩余资产分配等方面享有确定的特别利益,则非经发起人签署书面同意书,不得以修改章程的方式侵害该权益。对此,各国公司法多有明确规定。

(3)非经股东签署书面同意书,章程修改不得给股东设定新义务。个别国家、地区公司法对此有明确规定。没有明确规定的,基于前一规则也可以推出这一规则。如《日本商法典》第 345 条第 1 款规定,在公司发行数种股份的情形下,章程的修改可能对某种类股股东造成损害时,除股东大会的决议之外,还需有该种类股的股东大会的决议。这些规定构成了对股东大会修改公司章程议决程序的限制。我国公司法未就此作明确规定,但应可作同样解释。

4. 非经股东一致同意,章程修改不得给部分股东设定新权利

若给部分股东设定新权利,则与"同股同权"原则相悖。因此,除非股东一致签署书面同意书,不得以修改公司章程的方式给部分股东设定新权利。美国《示范公司法》第 10.04 条(a)款对本项及前两项规则均作了明确规定。

三、公司章程的个性化设计

(一)公司章程是公司经营的说明书

在实务中,很多公司章程往往存在着千篇一律、似曾相识的现象。然而大多数公司的经营原则和经营范围都是不相同的。这种章程不能催生企业的创新性,甚至有可能给公司埋下隐形炸弹。许多公司与其他主体之间的纠纷往往是因为公司章程条款的不完备、不科学、不严谨。

假如一家有限责任公司仅存在两名股东,各自持股 50% 并派出 3 名董事组成董事会,股东会与董事会在做出重大决定之时,就容易产生势均力敌的情况,赞成与反对参半。这时如果参照公司章程进行裁决,公司章程则规定,"股东会与董事会的议事方式和表决程序,按照公司法的规定执行。"我国 2014 年修改的《公司法》第 43 条规定"股东会的议事方式和表决程序,除本法有规定的外,由公司章程规定"。第 48 条"董事会的议事方式和表决程序,除本法有规定的外,由公司章程规定"。公司章程和公司法之间相互扯皮,使得公司进行表决的时候又再次陷入僵局。

公司章程是公司发展思路与管理的一个名片。公司章程反映了企业的股权结构和管理制度,因此也体现了公司的企业文化和发展战略。公司章程的起草和完善应当遵循量体裁衣的原则,完善地展现公司的经营与发展状况。2014 年修订的《公司法》允许公司及其股东对公司章程做出个性化设计。例如,在选定公司

法定代表人的时候,该法第 13 条允许公司根据需要选择董事长、执行董事或经理担任,第 16 条规定公司向其他企业投资或为他人提供担保的情况,可由公司董事会或者股东大会决定。为鼓励公司自治,公司法部分条款还规定公司可以在不违反诚实信用原则、公序良俗原则和公司经营本质的前提下,自由对公司的内部关系做出规范。

(二)章程起草过程中的行政指导

章程的起草活动属于公司自治的范畴,政府本没有义务协助,也没有权力施加干预。但基于服务型政府的法律理念,政府有关部门(包括公司登记机关和证券监管机构等部门)可以发挥行政指导的作用,正确引导公司章程的起草活动。但长期以来,有些政府部门把行政指导误以为行政强制,强制公司照搬照抄章程范本,实有矫枉过正之嫌。

现实生活中的许多公司章程是在公司登记机关提供的制式章程条款的基础上填充少许自然情况条款而成。公司登记机关应当以贯彻《公司法》为契机,从打造服务型登记机关入手,不再强制投资者购买章程范本,即使投资者自愿购买,也允许其在合法的前提下对章程范本进行大刀阔斧的修改。公司登记机关应当投入精兵强将,耐心辅导投资者根据不同产业、经营规模和公司文化等具体实际情况,量体裁衣、设计丰富多彩的个性化的公司(包括有限责任公司与股份有限公司)章程条款。当然,公司登记机关也可根据实用价值与创新精神并重的原则,开发出个性化更强的、针对不同投资风险偏好与投资风险负担能力的投资者的系列公司章程范本。

为推动我国企业境外上市,国务院证券委和国家体改委曾于 1994 年 8 月 27 日印发了《到境外上市公司章程必备条款》,要求境外上市公司遵照执行。为规范上市公司的章程,保护上市公司股东的合法权益,中国证监会又于 1997 年 12 月 16 日发布了《上市公司章程指引》。根据该会通知,上市公司可依据自身发展需要,对《章程指引》中的内容进行适当删除或修改,但是应当向监管机关说明,若无正当理由的,监管机关可拒绝上市公司的有关报批。由于受当时历史条件和指导思想的制约,《章程指引》强调公司章程作为推行行政手段的重要工具,而未充分考虑到公司章程作为公司自治文件的特点。为纠正这一缺憾,我国监管机构在2005年《公司法》修订后于2006年重新修订了《上市公司章程指引》。在通知中,监管机构承认《章程指引》是对上市公司章程基本内容的规定,并允许上市公司在不违反法律、法规的前提下依据自身需要,在其章程中增加《章程指引》包含内容以外的、适合本公司实际的其他方面内容,也可以对《章程指引》规定的内容作文字上的修改。上市公司根据需要,增加或修改《章程指引》规定的必备内容的,应当在董事会公告章程修改议案时进行特别提示。相比之下,2006年重新修订的《上市公司章程指引》更加接近行政指导的真谛,更加尊重公司自治精神。从文义解释的角度看,"指引"乃为指导、引导、推荐的同义词,是按照一个特定的方向引导公司确立自身章程内容,并不具有强制性。

有鉴于公司章程指导稳健的性质,公司章程在原则上只应接受强制性法律规范的限制,有关政府行政指导部门可以运用行政指导手段向公司推荐公司章程样本,但不应强迫公司采纳。对于公司章程中应包含的强制性条款,行政指导部门可以通过写入《公司法》的方式予以确立。

(三)出资比例与分红比例之间的脱钩

我国1993年《公司法》对股东提取分红有硬性规定,几乎没有任何变通余地。例如该法第33条规定:"股东按照出资比例分取红利。"第177条第4款规定:"公司弥补亏损和提取公积金、法定公益金后所余利润,有限责任公司按照股东的出资比例分配,股份有限公司按照股东持有的股份比例分配。"第195条第3款亦规定:"公司财产按前款规定清偿后的剩余财产,有限责任公司按照股东的出资比例分配,股份有限公司按照股东持有的股份比例分配。"但是在 2014 年的公司法之中,这一条有所修改。2014年修改后的《公司法》规定,"股东按照实缴的出资比例分取红利;公司新增资本时,股东有权优先按照实缴的出资比例认缴出资。但是,全体股东约定不按照出资比例分取红利或者不按照出资比例优先认缴出资的除外。"这实际上就实现了分红比例与出资比例的脱钩。这就鼓励了那些提供管理才能或者核心技术的人员参股,从而提高公司管理的活性。

出资比例与分红比例的脱钩首先肯定了那些对公司发展有卓越贡献的专业人员的价值。全体股东可以根据专业人员的价值适当赠予一部分分红权力,实现了对他们的股权激励。

另外,在股东之间没有相反约定的情况下,股东分红应按照实缴出资比例,而非认缴的出资比例。在此举例说明,甲乙两自然人或法人共同设立一家公司。按照约定,甲乙两股东共同出资100 万元人民币,甲股东认缴的出资比例为 60%,乙股东的认缴比例为 40%。但是由于我国《公司法允许》分期缴纳出资,第一年甲股东实际缴纳出资 30 万元,乙股东实际缴纳出资 10 万元。倘若公司成立后第一年营利甚丰,有税后利润可资分配,则在公司章程缺乏相反约定的情况下。甲股东的分红比例为 75%(而非认缴的出资比例 60%),乙股东的分红比例为 25%(而非认缴的出资比例 40%)。倘若第二年甲股东的实际缴纳出资达到 50 万元人民币,乙股东的实际缴纳出资达到 25 万元人民币,则在第二年分配税后利润时,甲股东有权分取的分红比例为三分之二(而非认缴的出资比例 60%),乙股东的分红比例为三分之一(而非认缴的出资比例 40%)。因此,在全体股东实际缴纳出资到位之前,股东的各自分红比例并非变动不居。

该案例的极端情况是甲股东不出分文,空手套白狼,则公司的税后盈利只能由乙股东独享。这种情况对乙股东同样适用。从这一案例之中可以看出,在没有提前约定的情况下,公司税后盈利分配以公司股东的实际出资比例为准。换言之,实际出资是股东获得税后协调分配的前提条件。

立法者之所以认定实际出资比例是分红比例的前提条件,目的有二:第一是为了保证投资分红的公平理念,确保老实人不吃亏;第二是依照多缴纳出资、多分红的原则鼓励出资人积极投资,间接推动我国经济发展。这一规定还有一个间接影响,即起到了预防瑕疵出资现象,维护了公司发展的交易安全,提高了公司交易的信用度。

股东若是想排除实际缴纳出资对分红的影响,必须通过全体股东的一致同意,否则不能排除默示分红比例的效力。这是因为,获取红利是股东投资公司的首要目的。在产权清晰的前提下,所有股东都有按照自己的意思要求获得分红的权力。其他股东若要取得更多分红,就必须经过其他股东的同意。

按照实际缴纳出资分红的默示条例及其特殊情况在我国2014年的《公司法》中已经有所体现。2014年《公司法》第34条规定:"股东按照实缴的出资比例分取红利;公司新增资本时,股东有权优先按照实缴的出资比例认缴出资。但是,全体股东约定不按照出资比例分取红利或者不按照出资比例优先认缴出资的除外"。若是股东未经全体股东同意,强制要求获得出资比例以外的分红权力,则构成了不当得利。

（四）出资比例与表决比例之间的脱钩

关于表决权与出资之间的关系,我国1993年《公司法》曾做出明确规定,股东会会议由股东按照出资比例行使表决权。"股东会会议由股东按照出资比例行使表决权。"这一条应是倡议性规定,但是因为没有跟进的解释,法院和仲裁机构对公司章程的理解并不一致,因此法院和仲裁机构对公司章程存在不同认识。这种法律性质上的模糊性严重干扰了股东对投资的预期。

为了实现公司自治改革,扩大公司自治权限,2014年新修订的《公司法》将上述规定由强制性规定改为公司自主决定的规定。新公司法第42条和第43条分别规定,"股东会会议由股东按照出资比例行使表决权;但是,公司章程另有规定的除外";"股东会的议事方式和表决程序,除本法有规定的外,由公司章程规定"。因此,有限责任公司章程可以基于公司自治需要和出资人之间的协议,自由决定股东的表决比例。

与第 34 条相比,第 42 条的表决比例规定的主要区别是没有规定实缴资金。之所以若此,立法者在修改时遇到了两难选择。第一,如果表决权比例依据实缴资金比例行驶,可能会遭遇一部分公司全体股东都没有实际缴纳的尴尬,因此全体股东都有可能没有表决权,股东会决议自然也无法做出。第二,如果立法者规定按照认缴比例行驶表决权,则会遭遇表决权不公平。举一个例子则足以说明问题。甲乙两人共同出资成立一家公司,甲股东认缴出资比例的 60%,乙股东认缴剩余的 40%。甲股东因为财务的问题,资金当年没有到位,并获得了乙股东的认可与谅解。乙股东为了使公司健康运营下去,实缴全部认缴资金。如果按照认缴比例行驶表决权,乙股东并不能决定公司的年度发展规划,并有可能因为甲股东的错误决定而导致实缴资金的损失。这显然对乙股东来说并不公平。

接下来的问题就是既然存在上述两个方面的尴尬,那么股东表决权应以哪一比例为准,根据这一问题的实际情况,笔者认为这一问题的破解应分两种情况,存在实际缴纳和不存在实际缴纳的情况,并且这两种情况应在公司章程中有明确的规定。在存在实际缴纳的情况时,股东应按其实缴出资比例行使表决权,并根据权利与义务相一致的公平观念执行。在全体股东都没有缴纳出资的情况下,股东应以公司章程规定的任教比例为依据行使表决权。这一种方案基本满足了实务中股东会议的需要。

第 42 条与第 34 条之间的主要区别之二是,股东排除"股东会会议由股东按照出资比例行使表决权"的倡议性条款,只需按照公司章程的规定行使即可,不需全体股东同意。从资金安全和公司正常运营的需要出发,笔者认为这里公司章程是指原始公司章程,并非因为大股东凭借资本多数修改以后的公司章程,否则容易造成大股东凭借其资金实力造成对小股东的打击,从而任意剥夺和限制小股东的表决权。

既然股东分红权与表决权的行使不拘泥于股东的持股比例，有限责任公司可自由创设无表决权或微弱表决权的优先股。无表决权或微弱表决权的股东不仅在公司赚钱分配利润时优先分取红利，在公司解散时亦可在债权人获得清偿后优先于普通股东而分取剩余财产。倘若公司章程在约定优先股东优先分红的同时，并未约定股东优先分取剩余财产，则优先股东只能以其持股比例为限、优先于其他普通股东分取剩余财产。

与之相关联的问题是，对于股份有限公司是否能够发行优先股这一问题，从理论上说，股份有限公司发行何种股份（包括优先股）纯属公司自治范畴，国家无权干涉。但2005年修订的《公司法》第132条授权国务院对股份有限公司发行该法规定以外的其他种类的股份另行做出规定。基于法治精神，既然《公司法》有此规定，股份有限公司及其股东要开发优先股股份，只能等待行政法规。因此，在国务院行政法规允许股份有限公司发行无表决权优先股之前，股份有限公司应当保持较高耐心。呼吁国务院尽快出台相关行政法规，允许股份有限公司发行无表决权优先股。实际上，此类优先股特别是可以累计分红的无表决权优先股非常适合国有股：既可省却国有股东的多重代理环节和高额代理成本，又可调动中小股东参与公司治理的积极性和创造性。

第三节　公司规章与股东协议

一、公司规章

调整公司内部法律关系的公司内生法律规则既包括公司章程，也包括其他法律文件尤其是公司规章。例如，股东会议事规则、董事会议事规则、监事会议事规则、董事会专门委员会实施细则、公司专项规章制度（如风险管理办法）等。

倘若公司规章并不在公司登记机关登记在册，这些内部规章制度仅能约束公司内部法律关系主体；倘若公司规章已在公司登记机关登记在册，这些内部规章制度不仅约束公司内部法律关系主体，而且可以对抗第三人。倘若公司规章的名称索引载于登记在册的公司章程，公司规章应当视为已经登记在册，除非第三人能够举证证明自己虽已尽到合理之努力，但依然无法从公司获取（遭到公司的悍然拒绝）或很难以合理成本获取公司规章。

为使公司内部管理规章取得对抗第三人的效力，也为实现公司内部治理结构的透明化、强化社会公众对公司内部治理的监督与约束力度，建议公司将内部规章制度通过直接登记或间接索引的方式告知公众。

二、股东协议

股东协议有广狭二义。广义的股东协议泛指股东之间签署的各类协议；而狭义的股东协议仅指股东之间签署的、与股东资格相关的协议。股东协议不同于公司章程，往往不在公司登记机关登记注册。在实践中，基于股东之间的特别关系、特别承诺或特别信任，常有股东通过协议界定彼此间的权利义务关系。但总体而言，当前我国公司和投资者对股东协议的重视程度不高。

在我国，1993 年《公司法》对股东协议的效力语焉不详。2014 年修订的《公司法》虽未设专章对股东协议做出全面系统的规定，但在分散于各章的制度设计中极其重视股东契约自由，重视通过股东协议界定相互间的权利、义务、责任、利益、风险。例如，2014 年修订的《公司法》第 35 条规定公司成立后，股东不得抽逃出资；第 72 条规定人民法院依照法律规定的强制执行程序转让股东的股权时，应当通知公司及全体股东，其他股东在同等条件下有优先购买权。其他股东自人民法院通知之日起满二十日不行使优先购买权的，视为放弃优先购买权。

基于股东自治精神,公司、股东和中介机构应当更加重视股东协议的签署工作。除了适用我国 2014 年修订的《公司法》的特别规定外,股东协议还要遵守我国《合同法》的一般规定。我国《合同法》与 2014 年修订的《公司法》都把维护合同自由和交易安全视为自己的重责大任。当然,公司与股东签署协议时,应当尊重股东平等原则,确保一碗水端平,力戒厚此薄彼。

第三章　公司的资本制度研究

公司资本制度作为公司法的核心内容之一,贯穿于公司设立、运营和终止的全过程。公司资本制度的安排,直接决定着一国的公司法是否现代化,决定着一国的经济是否具有国际竞争力。

第一节　公司资本制度概述

一、公司资本的概念及意义

（一）正确厘清公司资本的含义

公司资本处于不同的环境所包含的内容有所不同,一般来说,也可以分为广义和狭义两种,广义的公司资本主要包括了企业的股权资本和企业的债权资本,而狭义的公司资本主要是指股权资本,也就是指股东为了公司的成立所投入的资本。股权资本主要是所有股东所出的资金的总和。公司资本是股东为了获得股权的资格所需要支付的资金。所以作为股东出资的公司资本,它就是一个抽象和静止的数字概念,这与公司资产和公司财产有着一定的区别。公司如欲增减资本,需履行法定程序。

公司资本有时指股东得以对公司主张分配权利的公司净资产,是资产负债表项下的股东权益（公司总资产减去总负债的余额）。此种意义上的公司资本代表着股东对公司的财产权利。股东转让股权的定价因素纷繁复杂，但主要取决于公司净资产以及公司未来的盈利能力。为避免概念混淆，本书将股东得以对公司主张分配权利的公司资本称为"公司净资产"，而不笼统地称之为"公司资本"。

作为股东出资总额的公司资本也不同于作为公司净资产的公司资本。因为，只要审查公司的注册资本与股东的实缴出资就可以知晓股东应予缴纳的出资额以及股东实际缴纳的出资额。而作为公司净资产的公司资本则是一个动态的、变动不居的概念。两名股东成立公司时一次性足额缴纳100万元，经过两年的经营，公司净资产有可能飙升到1亿元，再过两年，又有可能跌至2000万元。股东转让股权时往往更多地看重公司净资产以及公司的投资前景，而不斤斤计较于股东的原始出资额。

由于公司净资产是公司总资产的组成部分之一，"公司净资产"意义上的"公司资本"当然有别于客观存在的、作为公司物权标的物的各类财产。一般来说公司的债权人不但会关注公司的净资产，但是会更加关注到公司的资产。所以从法律的角度来说，不管公司的资产是原来股东的出资额还是后来创造的资产，公司对这些资产都具备法律上的物权。所以基于物权的法律关系，公司又可以依据公司的资产为债权人设定担保物权。从这些联系来看，债权人往往把关注点放在公司资产的结构、公司资产的变化中，而不仅仅只关注到原来的出资额或者是公司的净资产。

（二）公司资本的重要意义

1. 公司资本对公司的意义

公司为以一定盈利为目的的社团法人，要成就其事业，自然要有一定的资金为其运作的基础。而公司的资产自然成为公司拥有的资源，此种资源包括了公司所有的负债和股东享有的股东权益。换言之,公司的资本可能源自股东的出资或来自外界的借款。其中,对公司而言,公司对外的借款,公司负有返还的义务,学理上常被称为"外来资本";而由公司股东出资者,在股东将股款交还公司后,归公司所有,非经法定程序不得随意返还给公司股东,在学理上被称之为"自有资本"。可见,公司的资本对公司而言,是公司赖以运作的基本财产。

2. 公司资本对公司债权人的意义

对于有限责任公司和股份有限责任公司而言,为使投资者能够控制投资风险,进而吸引更多投资,公司法创立了股东有限责任理论。股东有限责任是公司股东以其投资额为限对公司债务承担责任的一种责任方式。从公司发展的历史来看,从中世纪的行会、索塞特、康孟达等商事组织,到近代的特许合股公司、股份公司,股东以其投资额为限对公司债务承担责任的责任限定方式经历了从无到有,从实践中的萌芽到立法中确认的过程。因此,可以说股东有限责任是 19 世纪现代公司法法典化的产物。[①]该制度的最大特点在于,股东对于公司债务并不负有直接的、完全的清偿责任,而公司则以其全部资产承担清偿公司债务。所以,公司债权人对于公司债务之判断,应与公司股东个人债务清偿能力脱离,而与公司本身的清偿能力相关联。也就是说,股东对于公司出资,在转化为公司资本后即成为公司债权人实现未来债权的基本保障。同时,公司也会在取得公司股东出资后运用其进行必要交易和资本运营以便使公司存续,故公司债权人也不可能要求公司以其全部资本专供其实现其债权,除了公司资本外,公司债权人还会参考公司商誉、运营能力等其他因素。但是公司资本作为公司最初取得之资金,即使在公司正常运营过程中会有所增减,但并不影响其成为公司交易相对人判断公司能力之标准。

---

① 虞政平. 股东有限责任:现代公司法律之基石[M]. 北京:法律出版社,2001,第 34 页

3. 公司资本在《公司法》上的意义

《公司法》中涉及"资本"的规定很多,然《公司法》并没有对"资本"下一个定义,与资本相关的词语有"资本额""资本总额""实收资本额"等。因此,公司资本的概念在公司法上意义重大。

首先,公司资本是公司成立的基本条件。公司为企业法人,公司要取得法人的人格和地位,必须具备一定的条件。在《民法通则》和《公司法》规定的公司成立条件中,有实体条件、程序条件,财产条件、组织条件,资本属于其中的实体条件和财产条件。不具备此种条件的公司不应取得公司的注册登记,已经登记的公司也会因此而被否定人格或揭穿面纱。

其次,公司资本是公司进行经营活动的基本物质条件。公司作为营利性法人,需要具有从事商业性经营的权利能力,而这种能力的实现有赖于一定的物质条件,而这些条件的形成都需要有一定的资本。舍此条件,公司既无法参与任何财产关系,也不能开展经营活动,即人们通常所称的"皮包公司"。因此,公司法对公司资本的要求,对于公司经营能力的形成和维持具有重要作用。

最后,公司资本是公司与股东承担财产责任的基本保障。公司作为法人组织,是以其全部资产对其债务独立负责,股东以其全部出资或出资额为限对外承担有限责任。因此,公司资产的范围和多少,既是直接决定公司的债务清偿能力和对债权人的保护程度,也是全体股东债务责任的最大限度,如果股东履行了出资义务,公司资本真实到位,股东也就不再承担进一步的责任。

二、公司资本的特征

公司资本是公司成立的基本条件,是公司从事经营活动、对外承担法律责任的物质基础和保障。概括而言,公司资本具有下列几个方面的法律特征。

（一）具有独立性

公司资本是公司自身所有的独立法人财产，具有独立性。尽管公司资本源于股东出资，但股东一旦依法完成出资，即构成对公司的永久性投资，不得退股，并由此形成作为公司独立法人财产的公司资本和股东基于出资而享有的股权。公司资本的这一特点，使其区别于广义上的公司资本中的债权资本，也使其区别于经济学意义上的资本概念和会计学意义上的资本概念。资本也是公司的原始财产，公司成立后，在经营过程中会产生多种收益，但最初的财产就是公司的资本。

（二）具有单一性

公司资本仅来源于股东出资，具有来源上的单一性。公司资本只能由股东出资构成，具体而言，包括初始资本（Initial capital）和新增资本（capital additions）。前者是指公司成立时的股东出资；后者则指公司成立后根据需要依法通过增资程序而新发行、募集的资本。此处需要明确，公司存续期间与股东出资有关的几种情形：一是公司经营积累或接受赠予等形成的财产，在性质上属于公司的自有资产，而非属于股东出资，从而不能直接计入公司资本。二是资本亏损后，公司可以用以往的盈余弥补，此种弥补既是弥补资本，也是弥补股东出资，因此其在性质上属于股东出资。三是在公司以公积金转增为资本的情形下，因公积金属于股东权益，本应分配予股东，故在转增为资本时亦可视为股东出资。四是公司溢价发行股份的情形下，因公司的资本额按照全部股份的票面金额计算，故股东的实际出资额会高于公司的资本额，在这种情况下超出公司资本额的股东出资应当计入公司的资本公积金而不是计入公司资本。这一情形属于公司资本概念中源于股东出资的唯一例外，值得注意。

（三）具有抽象性

公司资本具有抽象性。尽管构成公司资本的财产可以以货币、实物、知识产权、土地使用权等具体形式存在，并且这些具体形式之间可以依法进行转换，但公司资本本身是一个抽象的价值数额，而非具体的财产形式。所以，以实物、知识产权、土地使用权等非直接表现为数额形式的财产出资的，应当予以评估，转化为数额形式，才能计入公司资本。

（四）具有确定性

公司资本具有相对的确定性。公司资本在公司成立时由章程载明并须依法予以核准登记，其数额一经确定，非经法定程序不得随意变更。公司资本的这一特征使其区别于公司资产这一概念，公司成立后，依其具体经营状况或盈利或亏损，资产数额变动不居，但并不因此而改变公司资本的数额。公司资本数额的变动必须依照法定的增加资本或减少资本的程序，由股东会做出决议、修改章程并办理变更登记。

（五）具有公示性

公司资本具有公示性、信用功能以及一定程度的公信力。公司资本是公司章程的绝对必要记载事项，无论是初始资本还是新增资本，其数额及变动均须由章程确定、载明，并依法注册登记，从而使其具有相当的公示性。交易相对方可以由此很容易地获知公司资本额的相关信息，并由此大体判断公司的资信状况，公司资本因此而具有重要的信用功能。公司资本"对于公司债权人，起公示公司信用度的功能。在股份公司中，股东只能以其认购价额为限承担责任，因而向公司债权人担保的只是公司的财产"。公司的责任财产主要包括两个方面，一是注册资本，二是公司经营所得的财富积累。公司的交易相对人往往根据公司的注册资本多少而决定是否与之交易，可见，公司资本因其依法注册登记的公示性而产生了一定程度的公信力。所以，对于公司注册资本的认真监管是保护市场交易安全的一项重要措施。

三、公司资本的具体形式

所谓公司资本制度是指关于公司资本的一系列规范制度的总称,它包括公司资本的形成、维持、退出等各个方面,它是公司制度的重要组成部分。事实上,"资本"一词是个十分复杂的法律概念,普遍适用于各国公司法的统一资本概念是不存在的,在不同国家的公司法立法、理论和实践中,甚至对不同类型的公司,常在不同的含义上使用资本,资本由此表现出以下几种形式。

(一)名义资本

名义资本(Nominal Capital),又称授权资本(Authorized Capital),指公司根据公司章程授权可发行的全部资本。依英美公司法,公司章程中必须注明公司的授权资本,但不必将授权资本全部发行,只需部分发行即可,剩余部分授权董事会根据需要分次发行。

(二)分配资本

分配资本,是指公司授权资本中已经实际分配给股东的部分。公司没有义务一次性分配给所有股本。

(三)自有资本

自有资本,属于公司的基本资本,也有的称为"认购资本",它还包括公司的资本储备金、盈利储备金、盈利结转账目和年末体现出来的年度盈余。

(四)注册资本

注册资本(Registered Capital),又称额面资本或核定资本,是指公司成立时注册登记的资本总额。但注册资本是否应为实缴资本,是否可以以授权资本或发行资本登记注册,各国立法规定有所不同。

(五)发行资本

发行资本(Issued Capital),又称已发行资本,是指公司一次或分期发行股份时,已经发行的资本总额。根据公司资本发行的安排,授权资本可以部分或全部成为发行资本。

(六)实缴资本

实缴资本(Paid-up Capital),亦称已缴资本、实收资本,指股东已经向公司缴纳的资本。资本已经发行不等于股东已经实际缴纳。在授权资本制下,股东亦可能对其认购的股份分期缴纳股款,其实际缴纳的部分即构成实缴资本。

(七)未缴资本

未缴资本,已经分配的股份中未缴付股款的数额。现在很少遇到未缴股本,这是因为商事公司的投资者并不欢迎部分缴付的股份,一般他们也不愿意承担在公司催缴股款时随时缴付股款的责任。

(八)催缴资本

催缴资本(Uncalled Capital)又称待缴资本,指公司已发行、股东已认购但尚未缴纳的资本。对催缴资本,公司有权随时向股东催缴,股东有义务按约定或公司的要求缴纳。

(九)储备资本

储备资本(Reserve Capital)又称保留资本,是指在公司正常经营情况下,发行和待缴资本中不得向股东催缴的部分,对于保留资本,只有在公司破产时才可催缴。

不过,上述九种不同表现形态的公司资本主要存在于实行授权资本制的英美法系国家和实行折中资本制的大陆法系国家,而在我国,无论是有限责任公司还是股份有限公司,资本均需经注册方为有效,并且必须实际缴纳,因此,资本就是注册资本。而且由于我国公司法实行的是法定资本制,公司成立时公司章程所确定的资本总额需全部发行,并由发起人全部认足或募足,且需实际缴纳出资,故在我国公司法中注册资本、发行资本、实缴资本都是一致的,不允许有待缴资本和保留资本。如我国《公司法》规定有限责任公司的注册资本为在公司登记机关登记的全体股东认缴的出资额;以发起设立方式设立的股份有限公司的注册资本为在公司登记机关登记的全体发起人认购的股本总额;以募集设立方式设立的股份有限公司的注册资本为在公司登记机关登记的实收股本总额。

第二节　公司资本原则与类型

一、公司资本原则

(一)资本确定原则

资本确定原则是指公司资本必须在公司设立时由公司章程明确规定其数额,由股东认足并按期缴纳,否则公司不能成立。公司成立后若发行股份,则必须依法履行增资程序、修改章程。此原则的意义在于确保公司在设立时即有稳固之财产基础。[1] 资本确定原则是关于公司资本形成的原则,其基本含义如下。

(1)公司资本必须由公司章程明确规定。

(2)公司章程规定的公司资本必须由股东认足,按期缴纳。有关股东对其认缴的出资或认购的股份的缴纳,依所适用的资本

---

[1]　柯芳枝.公司法论[M].北京:中国政法大学出版社,2004,第 128 页

形成制度不同而不同:在严格法定资本制之下,公司资本实行实收制或实缴制,即由股东一次缴足;在相对宽松的法定资本制之下,则可以分期缴纳。

(3)出资方式具有法定性。资本确定原则要求法律对可以作为出资的财产范围予以明确界定,超出规定范围的财产,不得作为股东出资。一般而言,法律往往认定价值容易确定的财产作为出资财产,而劳务、商誉等不易估价、评定其价值的财产会受到出资限制。如我国《公司法》第 27 条第 1 款规定:"股东可以用货币出资,也可以用实物、知识产权、土地使用权等可以用货币估价并可以依法转让的非货币财产作价出资;但是,法律、行政法规规定不得作为出资的财产除外。"可见其中非货币财产出资的限制性条件是"可以用货币估价并可以依法转让",而且无"法律、行政法规规定不得作为出资"的情形。

理论上有学者将资本确定原则等同于法定资本制,但实际上,无论是法定资本制、授权资本制还是折中资本制,均不同程度地体现了资本确定原则的要求,只是各自强调的程度不同而已,法定资本制最为完整地体现了资本确定原则。

资本确定原则的目的是保证公司设立时资本的真实可靠,防止公司设立中的投机、欺诈行为,防止股东滥用权利设置公司,从而保护债权人的利益、维护交易安全。但资本确定原则亦存在诸多不足:过分地强调公司设立的资本要求,会人为地提高公司设立标准,产生操作障碍。而且公司资本的数额限制难以灵活设置,数额过高,不易尽快认足,造成资金的闲置和浪费;数额过低,则难以避免存续过程中烦琐的增资程序。鉴于公司资本确定原则的优势和缺陷,实践中多数国家公司法中摒弃了早期实行的严格资本确定原则,在坚持其基本精神的同时对其予以一定程度的缓和和弱化。我国修订前的《公司法》采用的就是严格的资本确定原则,即要求公司设立时必须认足并全部缴纳注册资本,且不得低于法定最低注册资本限额。严格的资本要求难以体现《公司法》鼓励股东投资的原则,不适应公司实践发展的需要。修订后的《公司法》对其进行了修正,一方面降低了法定最低注册资本限额,另一方面允许有限责任公司和采用发起方式设立的股份有限公司在设立时认足注册资本、分期缴纳;同时辅之以首次出资比例、出资缴纳时间、设定出资责任等制度的规定,保证债权人的利益,从而不致背离资本确定原则的基本精神。

(二)资本维持原则

资本维持原则,又称为资本充实原则,是指公司应当维持与其资本总额相当的财产。即在公司存续期间,应当经常维持与其资本总额相当的财产,以具体财产充实抽象资本。[①] 公司在其存续过程中,会基于其自身经营状况的变化而处于或盈利或亏损的状态,使得公司的实际资产与公司资本不相一致,尤其在公司亏损状态下,其实际偿债能力会大为降低。所以,此项原则要求公司的对外信用程度最低应该维持在公司资本总额的水平,公司一旦成立,其资本总额不能由于非经营事由而减少。因此,为了控制公司资本在公司存续过程中的状态,防止其发生实质性减少,确保债权人利益和公司经营活动的正常开展和持续进行,各国公司法均在其资本制度中确立了资本维持原则。这一原则对于防范公司经营过程中的违法行为,保护公司债权人利益、维护交易安全,具有重要的实践意义。

资本维持原则,不仅在公司法理论上以基本原则的形式出现,而且更多地体现于《公司法》上的诸多具体制度之中。

1. 禁止股东退股、抽逃出资

公司成立后股东不得以任何理由抽回出资。如我国《公司法》第35条对有限责任公司的股东抽逃资金做出了禁止性规定:"公司成立后,股东不得抽逃出资。"第92条则对股份有限公司予以规定:"发起人、认股人缴纳股款或者交付抵作股款的出资后,

---

① 柯芳枝. 公司法论[M]. 北京:中国政法大学出版社,2004,第128页

除未按期募足股份、发起人未按期召开创立大会或者创立大会决议不设立公司的情形外,不得抽回其股本。"

2. 不得折价发行公司股份

如我国《公司法》第 127 条规定:"股票发行价格可以按票面金额,也可以超过票面金额,但不得低于票面金额。"

3. 对非货币出资的条件予以限制

非货币出资在财产价值确定和权利转移程序上具有特殊性,容易构成虚假出资,影响公司资本实际价值,故《公司法》常对其出资形式和数额比例予以限制,并要求依法对其价值进行评估。如我国《公司法》第 27 条规定:"股东可以用货币出资,也可以用实物、知识产权、土地使用权等可以用货币估价并可以依法转让的非货币财产作价出资;但是,法律、行政法规规定不得作为出资的财产除外。对作为出资的非货币财产应当评估作价,核实财产,不得高估或者低估作价。法律、行政法规对评估作价有规定的,从其规定。"

4. 按照规定提取和使用公积金

公司经营过程中难以保证不会出现亏损现象,公司公积金则主要用于弥补亏损、转增资本、扩大生产规模,故《公司法》中关于强制提取资本公积金和盈余公积金的规定,即为实现资本维持的预防性措施。

5. 禁止回购公司自身的股份、禁止接受以本公司股份提供的担保

公司收购自己的股份,实际上等同于股东退股,从而导致虚假出资。因此,除满足法定情形和法定程序外,公司不得收购自己的股份。而接受本公司自己的股份作为质押权的标的,则会在实现质押权的同时导致公司取得自己的股份,产生与回购公司自身股份相同的效果,故亦应予以禁止。如我国《公司法》第 142 条

第 1 款规定:"公司不得收购本公司股份。但是,有下列情形之一的除外:①减少公司注册资本;②与持有本公司股份的其他公司合并;③将股份奖励给本公司职工;④股东因对股东大会做出的公司合并、分立决议持异议,要求公司收购其股份的。"同条第 4 款规定:"公司不得接受本公司的股票作为质押权的标的。"

6. 没有盈利不得分配公司股利

"无盈不分"是公司股利分配的基本规则,公司盈利应当首先用于弥补公司亏损,只有在弥补亏损、提取公积金和公益金后仍有盈余的情况下才可以向股东分配股利。否则将侵蚀公司资本。如我国《公司法》第 166 条第 4、5 款规定:"公司弥补亏损和提取公积金后所余税后利润,有限责任公司依照本法第 35 条的规定分配;股份有限公司按照股东持有的股份比例分配,但股份有限公司章程规定不按持股比例分配的除外。股东会、股东大会或者董事会违反前款规定,在公司弥补亏损和提取法定公积金之前向股东分配利润的,股东必须将违反规定分配的利润退还公司。"即使在"有盈分利"的情况下,根据《公司法》第 166 条第 1 款的规定也应当提取利润的 10% 列入公司法定公积金,以备不时之需。

资本维持原则不仅在大陆法系公司法中抽象成为系统理论,同时在英美法系公司法中也得到了充分的肯定,且主要体现为在其公司法实践中形成的丰富而详尽的判例规范,在一定程度上亦可谓英美公司资本制度的根本原则。

(三)资本不变原则

资本不变原则,是指公司资本一经确定,不得随意改变,如需增减,必须严格按照法定程序进行。因此,所谓"资本不变",并非指公司资本绝对地不得变更,而是指为确保债权人利益非经法定程序,不得随意增减。并且,就维护公司财产责任能力、保护债权人利益而言,资本不变原则的规范重点在于对公司减资行为的严格限制。

资本不变原则具有同资本维持原则相同的立法旨趣,即防止公司资本总额的减少导致公司偿债能力降低,充分维护债权人的利益。而且,资本不变原则对于资本维持原则具有重要的辅助和补强作用,即尽管资本维持原则本意是保证公司实有财产和公司资本总额相一致,但若一旦公司实有财产减少即可通过减少资本总额的方式来达到这种一致性的话,则仅仅依赖资本维持原则就很难起到充实资本、保护债权人的实际作用。因此,可以说,资本维持原则是就公司存续过程中公司财产和资本总额相一致的角度来防止公司资本的实质性减少;资本不变原则是就公司存续过程中维持资本总额不变的角度来防止公司资本在形式上的减少。前者是一种动态上的维护,后者则是一种静态上的维护,二者相辅相成、相互配合,共同维护资本的真正充实。

我国《公司法》中同样贯彻了资本不变原则,主要体现为对公司减少注册资本的程序性限制。如《公司法》第 177 条规定:"公司需要减少注册资本时,必须编制资产负债表及财产清单。公司应当自做出减少注册资本决议之日起 10 日内通知债权人,并于 30 日内在报纸上公告。债权人自接到通知书之日起 30 日内,未接到通知书的自公告之日起 45 日内,有权要求公司清偿债务或者提供相应的担保。"

二、公司资本的类型

从世界范围考察,目前主要存在三种类型的公司资本制度,即法定资本制、授权资本制以及介于这两者之间的折中资本制。

(一)法定资本制

法定资本制为法国、德国公司法首创,流行于大陆法系国家。授权资本制是指公司成立时,必须在公司章程中明确记载公司注册资本总额并须由发起人全部认足或募足,且股东须实际缴纳出资,否则公司不能成立。在公司成立后,若要增加注册资本,必须经过股东大会做出决议并变更章程,办理变更登记手续。这种资本制度在建立之初对于保护债权人的利益、稳定社会经济秩序发挥了巨大作用。

该资本制度有以下特点:①公司章程必须明确记载符合法律规定的最低限额的注册资本;②公司注册资本必须在公司成立之前一次性认足和募足;③发起人承诺出资后,须实际缴纳出资;④公司不得随意变更公司资本,增减公司资本需履行严格的法定程序。

(二)授权资本制

此为英美法系国家所流行的公司资本制度,是指公司成立时,应将公司注册资本总额记载于公司章程,但无须发起人全部认足,只需认足其中部分股份公司即可成立,其余部分授权董事会在公司成立后,根据公司业务需要和行情随时发行的公司资本的制度。公司董事会在授权的额度内发行新股,无须经股东大会批准。

该资本制度的特点为:①公司章程中虽然需要记载资本总额,但无须发起人全部发行和认足,只需发起人认足注册资本中一部分,公司即可正式成立;②允许董事根据业务需要,分次发行募集公司章程中载明的股本总额;③公司增资无须变更公司章程。

(三)折中资本制

这是介于前两种资本制度之间的一种新型公司资本制度。它指在公司成立时,公司章程中应明确公司资本总额,但无须一次全部认足,其余部分可授权董事会根据业务需要随时发行。但是未发行的股份需在公司成立后一定时期内发行完毕,而且首次发行的股份不得低于法定比例。

该资本制度有如下特点:①公司章程中所确立的注册资本总额无须一次筹足,可授权董事会根据业务需要随时发行;②公司首次发行的股份不得低于法定比例,未发行的股份也要在公司成立后一定时期内认足或募足。

传统的公司资本三原则是建立在物质资本与生产要素中占据主导地位的传统商业的基础之上的。其假定前提是一定数额的物质资本,是公司赖以生存和发展的前提保障,是公司债权人的债权赖以实现的必要期待。当然,资本三原则在统一的"资本"概念下,看似逻辑清晰,环环相扣,但是随着公司的商业实践发展,授权资本制、折中授权资本制的引进,公司财务结构和资产结构的复杂化,资本三原则精巧的理论结构受到了实践的冲击。[1]其立论的基础正在发生动摇,不仅资本三原则理论本身与现实之间出现了一定程度的脱节,其理论体系之间的不和谐因素也日益增加和显现。

故以上三种类型的公司资本制度各有利弊,法定资本制有利于确保公司资本真实,防止设立中的投机、欺诈等不法行为,从而有利于保障债权人的利益,但其不足在于公司资本变更程序烦琐,不利于公司尽快成立,容易造成资金的闲置和浪费。授权资本制克服了法定资本制的一些缺陷,变更公司资本无须履行烦琐程序,但其易导致设立中欺诈和投机等非法行为,不利于保护债权人的利益。一般来说,折中资本制主要是介于法定资本制和授权资本制之间所产生的一种制度,所以这个制度的最大特色就是不仅吸收法定资本制和授权资本制的两者的优点,而且弥补了法定资本制和授权资本制的弊端。这个制度的出现不仅可以让公司能够在较短的时间成立,而且能够保证债权人的自身利益。

第三节　公司资本的构成

公司资本虽在章程中均应货币化,表现为一定的货币金额,

---

① 刘迎霜. 公司资本三原则内在矛盾之探究[J]. 社会科学,2008(3)

但就其具体构成而言,并不以货币或现金为限,在不同的公司类型中,其资本的构成也不尽一致。依据我国公司法的规定,有限责任公司和股份有限公司的资本由货币、实物、知识产权、土地使用权等可以用货币估价并可以依法转让的非货币财产构成。

一、货币

货币或现金是资本最基本的构成,任何公司类型都离不开货币出资,因为货币是商品交易的一般等价物,公司要进行交易,货币必不可少。以货币出资不仅价值量准确,无须重新作价,且运用自如,不受限制。

(一)货币出资的规定

为了保证公司资本中有足够的货币,用以满足公司的经营需要,不同的国家的公司法中对货币出资的规定都有所不同。比如,在法国,一般规定股份有限公司的货币出资额应该占到公司总资本的百分之二十五;在德国,规定股份有限公司的货币出资额应该占到公司总资本的百分之二十五;在意大利,规定公司的货币出资额应该占到公司总资本的百分之三十,等等。从这些明确的规定中,我们可以看到很多国家对货币出资额都有着明确的规定。从很多国家的规定中可以看出,所规定的货币出资的比例一般在百分之二十到百分之三十。从中也可以看出,如果把比例规定得太高的话,公司在设立初期就会遇到一定的困难,所以比例的设立应该按照每个国家的实际情况而制定,一般在原则上是以公司启动经营为标准。

(二)"借款出资"的探讨

股东对公司的货币出资,可否以贷款或借款充之,对此,许多国家的公司法未作明确规定,但在我国公司实践中却常有发生,此种情形被称为"过桥借款",是指公司股东为了能够保证履行自己的出资义务,从第三人借款,把所借到的款项交到公司中,从而得到了公司股东的资格,再从公司的资金中把相应的款项还给第三人,最后抵消了股东对第三人的欠款。在我国的公司法规定中,对于是否允许借款作为出资条件没有明确的规定,但是从我国《中外合资经营企业合营各方出资的若干规定》中明确地规定了合营企业认缴的出资必须是合营者自己所拥有的资金,合营企业任何一方不能以合营企业名义所取得的借款作为自己出资的资本。所以从这些法律规定中,可以看出,从第三人处所得到的借款不能作为出资的资本。"过桥借款"从我国的司法实践中也可以看到其中的不合法性。

"过桥借款"不但会造成公司的实际资本与名义资本存在一定的差异,而且会让公司的股东的股权存在一定的差异性,那些名义资本的股东其本质就是侵犯了实际资本的股东的权利,所以通过"过桥借款"的股东其实就是一个名义资本的股东,并没有对公司出资真正的资本,让公司也承担很大的风险。

所以对于"过桥借款"这种方式加入到公司的股东在法律上是不应该认可的。

股东对公司的货币出资是公司注册资本的组成部分,不仅必须实际履行,如实缴纳,而且不得撤回。否则,即属抽逃资本,构成对注册机关的欺诈和交易安全的威胁,依法应受制裁。抽逃出资数额巨大、后果严重的,不仅可能导致公司解体,而且还须依《刑法》第159条的规定追究刑事责任。公司资本中的货币,并不是不得动用的金额,在公司成立后,公司即可以此为营业的资本,用于公司的生产经营活动。

二、实物

实物,也叫有形资产,主要包括建筑物、厂房和机器设备等。如前所述,货币出资确有诸多好处,但因种种原因,股东或发起人不可能都以货币作为出资或股份的对价。事实上,有的实物又是公司运营所必不可少的,如果股东都以货币出资,为满足公司设立的条件,还必须再以货币购置公司为进行生产经营活动所必需的实物,这势必增加公司设立的成本。因此,当公司发起人或股东有条件为公司提供其所需的实物时,各国公司法无一例外都允许以实物作为投资或股份的对价,我国的公司法也做出了同样的规定。

(一)实物出资的规定

并非任何实物都可以作为股东的出资,股东出资的实物应为公司生产经营所需的建筑物、设备或其他物资,这是实物作为股东出资的先决条件。股东对用以出资的实物必须拥有所有权,并应出具拥有所有权和处分权的有效证明。任何人都不得以租赁物或他人的财产作为自己的出资,也不得以虽为自己所有但已设立担保的实物作为出资。

(二)实物出资的价值认定

对于以实物出资的,各国公司法都规定必须一次付清,并办理实物出资的移转手续。我国《公司法》规定,以实物出资的,应当依法办理其财产权的转移手续。综观各国的公司实践,对于实物出资操作中,最困难的一个过程就是对实物进行估价。由于实物在公司运营过程中会产生一定的损耗和现在社会物价的不稳定性,货币的通货膨胀等很多的因素所影响,所以对于实物的价值认定更加困难。借鉴一些国外的成功经验,目前,我国对实物出资的价值认定一般可以采用收益现值法、现行市价法、清算价格法等等,从司法实践中,我们可以看到这些方法具备一定的认可性。由于对实物的价值认定同时也涉及公司其他的投资人,所以对于实物评估的价值还需要得到其他投资人的认可。所以为了保证对实物价值评估的权威性和公正性,一般是委托具有一定资格的评估机构,给出评估结果,得到其他投资人的认可,这样的结果才是最客观的。

三、知识产权

知识产权包括专利权、商标权、著作权、专有技术等。

（一）专利权

专利权是指按专利法的规定，由国家专利机关授予发明人、设计人或其所属单位在一定期限内对某项发明创造享有的专有权。在我国，专利权的主体包括专利权的所有人和持有人。专利权人既可以是公民，也可以是法人；既可以是非职务发明人本人，也可以是职务发明人的工作单位或雇主，还可以是合法受让人。他们都有权将自己所有或持有的专利作为向公司的出资，并以此为对价取得公司的股份。

（二）商标权

商标权是指企业、事业单位或个体工商业者对于依照法定程序，经由商标局核准的注册商标所享有的商标专用权。商标起着表示和保证商品质量的作用，商品质量同商标信誉总是联系在一起的，商标和商品质量的这一联系，通过市场竞争实际上起到促进企业保证产品质量的作用。商标作为商品的附着物和标记，有着其自身的价值，特别是为法律保护并取得专用权的驰名商标，更是商标权人的一笔无形资产。商标权人不仅可以依法有偿转让商标权，而且还可以将自己所有或持有的商标权折价作为向公司的出资。

（三）著作权

著作权，又称版权，是指文学、艺术和自然科学、社会科学作品的作者及其相关主体依法对作品所享有的人身权利和财产权利。它是自然人、法人或者其他组织对文学、艺术或科学作品依法享有的财产权利和人身权利的总称。著作权分为著作人格权与著作财产权。其中著作人格权的内涵包括了公开发表权、署名权及禁止他人以扭曲、变更方式利用著作损害著作人名誉的权利。著作财产权是无形的财产权,是基于人类知识所产生之权利,故属知识产权之一种,包括复制权、广播权、放映权、表演权、信息网络传播权、展览权、改编权、出租权等。著作权自作品创作完成之日起产生,在中国实行自愿登记原则。

四、土地使用权

土地使用权,是指非土地所有人对土地加以利用和取得收益的权利。在我国,土地归国家和集体所有,非土地所有人可以通过出让或转让方式取得土地使用权。因此,土地使用权可区分为国有土地使用权与集体土地使用权,均可作价出资入股。

五、不得作为股东出资的财产

根据《中华人民共和国公司登记管理条例》第 14 条第 2 款的规定:"股东不得以劳务、信用、自然人姓名、商誉、特许经营权或者设定担保的财产等作价出资。"

第四节　公司增资司法实务

一、公司增资的内涵与程序

(一)公司增资的内涵

公司增资(Increase of capital)是指公司依据法定的条件和程序,增加和扩大公司原有注册资本总额的法律行为。公司增资的目的和作用主要表现在以下几个方面。

(1)为扩大公司现有经营规模而筹集经营资金。公司获取经营资金的方法多种多样,如借贷、发行公司债等,由股东增加资本是其中的重要方法之一。

(2)增强公司实力,提高公司信用。公司实质性清偿能力的净资产显示着公司对外信用的基础。但是,在判断公司的信用程度时,资本的作用不亚于净资产,资本对于股东、债权人等利害关系人而言,是主要的关注对象。其理由在于:对内而言,资本是公司应持有的财产的规范性数额,公司经营者应该根据此标准保留或者处分财产,因此资本额为资本充实原则的实践性标准;对外而言,净资产并非经常公示,因此资本额成为衡量公司信用及活动能力的尺度,因为,决算之前,净资产不可能公示,因此只能以过去的决算资料中所记载的净资产与资本相比较而判断出公司的健全程度。总之,资本规模直接反映公司的资产实力和经营规模,增资由此成为显示和提高公司商业信用,并取得竞争优势的重要方式。

(3)通过调整现有股东结构和持股比例,从而改变公司治理结构。吸收新的股东,可以改变股东成分和结构。在现有股东范围内的增资,通过认购新股比例的安排,则可以调整现有股东相互间的持股比例,小股东可因增资而成为大股东。而在股东结构和持股比例变更之后,公司就可以通过对管理机构和管理人员的重新安排和调整,包括对董事、经理、法定代表人的重新安排和调整,以实现其治理结构的优化。

(4)在公司形成大量公积金和未分配利润的情况下,公司将面临股东提出的分配请求,通过增加资本可以停止或减少对股东的收益分配。换言之,通过减少股东收益分配,可以保持现有运营资金。从而使公司继续占用现有的资金,维持现有的经营规模。

(5)在公司与其他公司吸收合并时,被合并公司的资产在并入另一公司的同时,可能会导致该公司净资产的大幅增加,被合并公司的所有者也可能会要求取得该公司的股权,由此便会促使公司增加资本。

总之,公司增加注册资本是公司为适应市场经济发展的客观要求而做出的一种法律行为,对有效开展生产经营活动具有重要的意义。

(二)公司增资的程序

根据《公司法》的有关规定,公司增资的程序如下。

1. 董事会拟定公司增资方案

根据《公司法》第 46 条和 107 条的规定,公司增资方案的拟定是公司董事会的职权之一,董事会有权制定公司的增资方案。

2. 股东会(股东大会)做出公司增资的决议

公司增加注册资本是公司的重大事项之一,对此必须由股东会(股东大会)做出决议。《公司法》第 37 条、第 43 条、第 66 条和第 103 条规定,公司董事会(或执行董事)制定的公司增资方案,需通过股东会(股东大会)特别决议通过。其中,有限责任公司股东会对公司增资做出决议,必须经代表三分之二以上表决权的股东通过。股东会决议可以召开股东会的形式做出,也可以不召开股东会的形式直接做出。以直接形式做出的,须股东书面方式一致表示同意。国有独资公司增加注册资本应由国有资产监督管理机构决定。股份有限公司股东大会对公司增资做出的决议,必须经出席会议的股东所持表决权的三分之二以上通过。

3. 股东缴纳出资或认购新股

有限责任公司增加注册资本时,股东认缴新增资本的出资,依照设立有限责任公司缴纳出资的有关规定执行。即有限责任公司增加注册资本,其股东认缴出资,应当按照《公司法》第 26～28 条的规定进行。

股份有限公司为增加注册资本而发行新股时,其股东认购新股应当按照《公司法》中有关设立股份有限公司缴纳股款的规定执行。具体而言,就是应当按照《公司法》第 80 条、第 82 条和第 83 条的规定进行。

4. 办理公司变更登记

公司增加注册资本以后,应当向公司登记机关申请办理注册资本变更登记。公司注册资本属于公司章程的绝对必要记载事项,也是公司登记内容的重要事项,因此,公司增加注册资本必须依法修改公司章程,办理相关变更登记手续。

二、公司增资的方式

按照公司增资所吸纳的注册资本来源,公司增资的方式可以分为三类。

（一）利用公司自有资金增资

即公司所增加的注册资本来源为公司的税后可分配的盈余资金或者资本公积金。依照《公司法》第 167 条第 1 款的规定:"公司分配当年税后利润时,应当提取利润的百分之十列入公司法定公积金。公司法定公积金累计额为公司注册资本的百分之五十以上的,可以不再提取。"该条第 3 款规定,"公司从税后利润中提取法定公积金后,经股东会或者股东大会决议,还可以从税后利润中提取任意公积金"。在公司决定增加注册资本时,完全可以以公司已经提留的法定公积金或者任意公积金转增注册资本。即使公司公积金已经用于弥补此前年度的亏损,但如果公司当年仍有可供分配的税后盈余,公司股东会也完全可以决定不予分配盈余而用于转增公司注册资本。

（二）向股东募集资金增资

即公司增加的注册资本来源于公司股东的追加出资。依照我国《公司法》第35条的规定,公司新增资本时,股东有权优先按照实缴的出资比例认缴出资。但是,全体股东约定不按照出资比例优先认缴出资的除外。

（三）向股东以外的主体募集资金增资

公司增资也可以通过吸纳原有股东以外的其他主体（即引入新的投资者）的方式进行。

以上三种方式均能达到增加公司注册资本的效果,但相比较而言,三种增资方式在法律评价及法律规范上也各有侧重。利用公司自有资金增资,因不涉及公司股东变更及股权稀释等问题,因此在法律处理及实务操作上也最为便利。而向原有股东募集资金增资,则会涉及增加注册资本后股东股权是否被稀释的问题,因此法律明确规定了股东有权按照实缴的出资比例优先认缴新增资本金。引入新的投资者,向股东以外的主体募集资金增资,既无可避免地涉及原有股东的股权稀释问题,又很有可能涉及新加入的投资者与公司原有股东之间的利益平衡问题,因而最为复杂。本书将结合司法实践中的相关情况,分别予以讨论。

三、公司增资中的利益冲突:股东利益的保护

在公司增资中由于股东面临着股权稀释（Dilution）和股权结构的重大变化,这些变化可能引发股东相互之间利益的冲突,可能直接影响到现有股东的合法权益。所以,在公司增资过程中存在着对股东利益保护的重要问题。为此,需要关注以下几个方面的问题。

（1）在公司增资时首先应对原有股东之间的权益进行界定,以保证对原有股东权益的维护与认可。同时在增资过程中对股东意志应当予以充分尊重。比如,根据《公司法》第34条的规定,公司新增资本时,原则上股东有权优先按照实缴的出资比例认缴出资,但是当全体股东有约定时也可以不按照出资比例优先认缴

出资。这就体现了在增资时对股东意思自治的尊重。

（2）在公司进行增资的过程中，应该把原来的股东和新加入股东的权益进行明确的区分。在公司进行增资的时候，公司可能会面临以下两种情况，第一种情况是公司处于盈利状态，公司内部拥有大量的未分配利润或者是资本公积金，公司的净资产已经远远地超过了原来刚设立时的出资资本；第二种情况是公司处于亏损状态，公司的现有资本已经比原来刚设立时的出资资本还要少，已经处于资不抵债的情况。所以面对这两种截然不同的情况，公司增资过程中需要进行严格的区别。在公司盈利的情况下，应该把原来的盈利资产的权益归于原来的股东享有，不能把这些盈利部分的收益统归于增资后的所有股东。同样，在公司亏损的情况下，应该把亏损的部分归于原有股东，新加入的股东的出资额不能按照以前的设立时的出资额来决定，而是应该按照现有的公司资产进行核算。

（3）应当明确股东追加出资主要是一项权利，股东增资应该是自愿的，不能强求。由于每个股东自身的财产能力和经济地位不同，不能强求股东向公司增加资本。股东加入公司和原来的出资均出于自愿，现在公司增资，其是否追加出资也应当是自愿的。当然，也有学者认为，既然增资是以股东会决议的形式出现，就应当对公司全体股东具有约束力，股东即负有按原有出资比例追加出资的义务。其实，在任何情形下股东增资最终都是出于自愿，不能强求，亦不可能强求。

四、有关"股东对公司新增出资份额不享有优先认购权"的法律纠纷

电子商务公司增资案[①]

本案的基本案情为：被告天津信息港电子商务有限公司（以

---

① 天津市第一中级人民法院（2005）一中民二初字第 304 号民事判决书（一审），天津市高级人民法院（2006）津高民二终字第 0076 号民事判决书（二审）。

下简称电子商务公司)于 2000 年 3 月 20 日设立,注册资金为 620 万元,共有三方股东:天津信息港发展有限公司(以下简称信息港发展)、天津市银翔经济发展中心(以下简称银翔中心)及原告聂梅英,出资额为 220 万元、200 万元、200 万元,分别持有电子商务公司股权的 35.48%、32.26%、32.26%。电子商务公司系从事电子商务、CA 认证等服务的特殊行业。根据《电子认证服务管理办法》,申办电子认证服务许可,注册资金应不得低于 3 000 万元。电子商务公司为申办电子认证服务许可,需新增注册资金 2380 万元。电子商务公司关于增资召开股东会及决议情况为:

1. 第二届三次股东会临时会议(2005 年 8 月 7 日召开)

本次会议形成了增资决议,主要内容包括:(1)公司注册资本增加 23 80 万元,增资后注册资本为 3000 万元;(2)各股东按原出资比例负责增资,信息港发展公司、银翔中心、聂梅英分别负责增资 845 万元、767.5 万元、767.5 万元;(3)各股东自己出资或引入新股东出资,完成所负责的增资数额。引入的新股东本届股东会予以确认……(5)以 8 月 25 日为最后期限,各股东负责的增资交天津信息港电子商务有限公司指定的会计师事务所验资;(6)股东如不能按时完成承诺的筹资数额,未能实现部分自动放弃认缴权,由其他股东优先认缴。其他股东不再认缴的部分,由董事长负责引资完成。"聂梅英对该决议第 3 条引入新股东出资表示反对。2005 年 8 月 15 日聂梅英以律师函的形式向信息港发展公司、银翔中心提出第二届第三次股东会决议第三条内容侵犯其合法权益,要求撤销决议第 3 条。

2. 第二届四次股东会临时会议(2005 年 8 月 20 日召开)

本次会议就协商的事项纪要如下:其中达成一致的意见有以下三项:(一)同意公司增资扩股 2 380 万元,增资扩股后注册资金为 3 000 万元;(二)同意各股东按出资比例负责增资,其中信息港发展公司按 35.5% 的比例,负责增资 845 万元;银翔中心按 32.25% 的比例,负责增资 767.5 万元,聂梅英按 32.25% 的比例,负责增资 767.5 万元;(三)出资形式严格按照《公司法》有关规定执行,银翔中心表示以现金形式出资。未达成一致的事项,各自表达如下意见:(一)聂梅英主张:"我方不同意吸收新的社会股东进入公司。"另两名股东坚持原决议,各股东可以自己出资或引入新股东出资,完成所负责的增资数额。(二)8月7日决议中,确定以8月25日为最后出资期限。信息港发展公司表示,由于天津市信息化办会议纪要(津信安全纪[2005]1号)《关于市数字认证管理委员会主任专题会会议纪要》明确表示:因为天津信息港电子商务有限公司股东间没有形成一致意见,暂不考虑将市信息化办对公司的历年拨款674万元转为天津信息港发展有限公司的投资款。在聂梅英股东不同意吸收新的社会股东进入天津信息港电子商务有限公司的情况下,我方需要重新考虑出资方案,不能按照原出资期限完成出资;银翔中心表示,其注册资金是670万元,已经投资200万元,如果再出资767.5万元,必须首先完成自己增资到2 000万元,从出资时间及程序上,无法按照原定期限完成出资;聂梅英股东表示,如果8月25日的出资缴付期限不变,可以按照原决议中规定的时间完成出资。如果本次股东会确定的出资缴付期限有变化,将按照本次股东会确定的出资缴付时间缴付出资。(三)聂梅英表示,如果其他股东不能完成自己认缴的出资,其可以出资2 380万元,与原出资200万元合计,共出资2 580万元,占公司3 000万元注册资金的股本比例为86%(注:2 380万元出资将于2005年9月15日前完成)。(四)信息港发展公司提出,在公司中,信息港发展公司作为代表政府出资的一方,是原来的第一大股东。电子认证服务作为特定行业,最好还是应该保持国有股东的大股东地位,因此将积极创造条件完成所负责的增资认缴额,绝不放弃自己的认缴权。银翔中心亦表示,积极创造条件完成所负责的增资,绝不放弃自己的认缴权。(五)关于本次增资的出资期限,信息港发展公司、银翔中心表示,在8月7日第二届第三次股东会议后,如果快马加鞭地根据8月7日决议要求进行筹措,是能够按期完成的,但现在情况有变,具体出资时间目前难以确定。聂梅英表示,9月15日前完成出资。(六)信息港发展公司、银翔中心提出，为了保证公司信誉，所有股东在出资时都应该提交所出资金的合法证明，并能够证明所有资金都是股东的。聂梅英股东表示，依据国家有关法律规定执行，国家法律没有明确规定的，将不会提供资产证明。

3. 第二届第五次股东会会议（2005 年 9 月 20 日召开）

本次会议决定吸收合并朗德公司，经过代表三分之二以上表决权的股东通过并形成决议，主要内容如下：(1)同意电子商务公司以吸收合并的方式与朗德公司合并，合并后朗德公司解散。(2)同意信息港发展公司、天津信息港智能社区科技有限公司、天津信息港互联网数据有限公司以各自在朗德公司中所占有的净资产对电子商务公司投资。(3)确认朗德公司净资产经会计师事务所评估，价值 2 380 万元。其中，信息港发展公司拥有 980 万元；天津信息港智能社区科技有限公司（以下简称"智能公司"）拥有 700 万元；天津信息港互联网数据有限公司（以下简称"互联网公司"）拥有 700 万元。(4)现在电子商务公司注册资本金 620 万元，在吸收合并朗德公司后，注册资本金 3 000 万元。合并后的股东及股权分别为：信息港发展公司 1 200 万元，占注册资金比例 40%；智能公司 700 万元，占注册资金比例 23.33%；互联网公司 700 万元，占注册资金比例 23.33%；银翔中心 200 万元，占注册资金比例 6.67%；聂梅英 200 万元，占注册资金比例 6.67%。表决时，聂梅英表示不同意上述四项决议内容。其代理律师王冬梅在决议上注明意见如下：(1)坚决不同意本次股东会议事先早已安排好的信息港发展公司操控下形成的所谓"决议"，该决议内容严重违法，侵犯了原股东聂梅英对本次增资的优先权。(2)聂梅英坚决不同意以吸收合并方式完成本次增资，且吸收合并程序违法。(3)第一大股东信息港发展公司擅自挪用电子商务公司资金达 500 万元必须立即全部归还。其现处于抽逃资金状况，在其归还电子商务公司全部资金前，其无权按其股权比例行使表决权。(4)本次股东会决议实质性违反《公司法》，严重侵犯了聂梅英股东权益，应为无效决议，本股东将寻求法律保护。

另查明,被告朗德公司注册资本 2 380 万元,系被告信息港发展公司出资 980 万元、案外人智能公司出资 700 万元、互联网公司出资 700 万元,于 2005 年 9 月设立。且在电子商务公司第二届第三次股东临时会决议规定的期限内,原告及其他股东均没有履行增资的缴付义务。本案中,吸收合并增资情况如图 3-1。

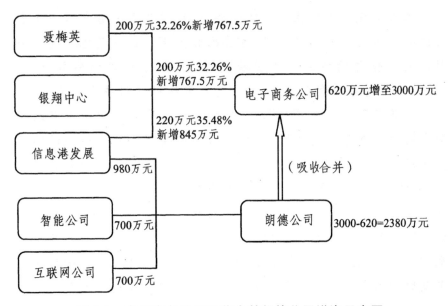

图 3-1　电子商务公司吸收合并朗德公司增资示意图

聂梅英认为,电子商务公司以吸收合并朗德公司的形式进行增资,既剥夺了其依法享有的按照持股比例优先认缴 767.5 万元增资的权利,也剥夺了其对信息港发展公司、银翔中心不能认缴的增资所享有的优先认缴权。故诉请法院判决:一、确认被告电子商务公司第二届第五次股东会决议无效;二、确认被告电子商务公司第二届第三次股东会决议第 3 条无效;三、确认被告电子商务公司与被告朗德公司吸收合并无效;四、确认原告按持股比例对被告电子商务公司本次增资享有人民币 767.5 万元的优先认缴权;五、确认原告对被告信息港发展公司、被告银翔中心不能认缴的增资享有优先认缴权;六、本案诉讼费用及律师代理费由四被告负担。

天津市第一中级人民法院审理后认为:电子商务公司第二届

第三次股东会召集程序合法,决议内容亦不违反法律规定,并符合该公司章程的规定,意思表示真实,应为有效决议,对各股东均有约束力。原告聂梅英主张按股东出资比例优先认缴增资额,但没有按股东会形成的决议所规定的期限缴纳增资款。按照该决议第6条规定,应认定为自动放弃了认缴权。虽然电子商务公司在原告的提议下于2005年8月20日又召开了第二届第四次股东临时会议,但该会议只形成纪要,不能对抗第二届第三次股东会临时会议形成的决议,也不能视为对该决议所规定的增资期限进行了变更。在此基础上所形成的第二届第五次股东会决议,已获代表三分之二以上表决权的股东表决通过,也系有效决议。故此,原告聂梅英的诉讼请求,因法律和事实依据不足,不予支持。

天津市高级人民法院审理后认定,公司股东对新增注册资本享有优先认缴权,同时对于新增出资份额亦享有优先认购权。电子商务公司以吸收合并朗德公司的方式进行增资,侵犯了原股东聂梅英对于新增注册资本的优先认缴权:在其不同意新股东加入公司,并有能力增缴公司需要增资的注册资本的情况下,应当允许其向公司进行增资。电子商务公司第二届第五次股东会决议(吸收合并朗德公司)及第二届第三次股东会决议(引入新的投资者)因违反法律规定,侵犯原股东聂梅英对新增注册资本享有的优先认缴权以及对于新增出资份额所享有优先认购权,应确认为无效。该院公布的裁判要旨为:

有限公司增资时,如果公司的原有股东愿意自己出资购买这部分股份,其应比,他人有优先购买的权利。只有公司原股东均不能认缴增资,才可以由股东之外的人向公司增资。

根据《公司法》及公司章程的规定,股东之间如果就公司事务产生分歧,应通过表决的方式解决,按资本多数决原则形成决议,股东应按决议执行。但资本多数决原则的前提是决议内容不得违反法律的规定,并不得侵犯股东的合法权益。

关于股东对于新增出资份额所享有的优先认购权,天津市高级人民法院从有限责任公司人合性出发,结合修订前《公司法》第

33条①以及修订后《公司法》第72条②关于股权转让情况下股东优先购买权的规定,进行评述。③

有限公司的人合性是有限公司与股份有限公司之间最根本的区别。法律规定有限公司增资时,原股东对增资有优先认缴的权利,也是基于有限公司的人合属性。有限责任公司股东之间是否合作,同谁合作,以及共同出资组建公司是以股东之间相互信任为基础的。基于股东之间的相互信任,公司得以成立并能够正常开展经营活动。因此,为防止公司增资所带来的原有股东股权的稀释并保障有限责任公司的人合属性,法律规定了在公司新增资本时,各股东有优先于其他人认缴增资份额的权利。对于其他股东不能按持股比例认缴的部分,股东是否可以较股东之外的人优先认缴的问题,我国《公司法》的规定并不明确。但是,对此可以从《公司法》对有限公司股权转让的有关规定去分析和判断。《公司法》规定,股东之间可以相互转让股权,但向股东之外的其他人转让股权应当经其他股东过半数同意,且在同等条件下,其他股东对该出资份额有优先购买权。法律这样规定的目的,就是要维护有限公司的人合属性,使公司股份维持在原股东之间,不轻易向外扩散。公司股份是一个整体,由各股东按比例分享。他人想取得公司的股份,只能来自于公司原有股东的让与。如果允许股东以外的他人向公司增资,无异于公司的原股东向增资人转

---

① 2004年修订的《公司法》第33条规定:股东按照出资比例分取红利。公司新增资本时,公司可以优先认缴出资。

② 《公司法》第72条规定:有限责任公司的股东之间可以相互转让其全部或者部分股权。股东向股东以外的人转让股权,应当经其他股东过半数同意。股东应就其股权转让事项书面通知其他股东征求同意,其他股东自接到书面通知之日起满三十日未答复的,视为同意转让。其他股东半数以上不同意转让的,不同意的股东应当购买该转让的股权;不购买的,视为同意转让。经股东同意转让的股权,在同等条件下,其他股东有优先购买权。两个以上股东主张行使优先购买权的,协商确定各自的购买比例;协商不成的,按照转让时各自的出资比例行使优先购买权。公司章程对股权转让另有规定的,从其规定。

③ 为叙述流畅,本书对天津市高级人民法院的二审判决理由进行了整理、调整与删减。

让股权。在公司增资的情形下,如果由股东之外的人向公司增资,公司原有股东的股份比例必定下降,也就是这部分下降的比例由公司的原有股东让与了新股东。在此情形下,如果公司的原有股东愿意自己出资购买这部分股份,其应较他人有优先购买的权利。只有公司原股东均不能认缴增资,才可以由股东之外的人向公司增资。因此,认定公司原股东对其他股东不能认缴的增资享有优先于他人认缴的权利,是符合《公司法》的立法本意和基本精神的。当原有股东能够满足公司的增资需要时,就不能由股东之外的人认缴这部分增资。否则,就违反了我国《公司法》关于股东对转让的股权有优先购买权的规定。从本案的实际情况来看,上诉人聂梅英明确表示其对公司的增资有权优先认缴,且不同意新股东加入公司,在其有能力增缴公司需要增加的注册资本的情况下,应当允许其向公司进行增资。在聂梅英可以向公司增资的情形下,电子商务公司第二届第三次股东会决议第3条关于引入新的投资者的内容便构成对其优先认缴权及优先认购权利的侵犯,应属无效,各股东应按原出资比例在约定的期限内向公司增资。虽然第三次股东会决议的出资期限到期后,各股东未能按期履行增资义务,但并不能因此而认定股东自动放弃优先认缴权。因为在第三次会议后的第四次会议上,各股东对于第三次会议所约定的出资期限的变更持不同意见,并未形成最后定论,仍处于继续协商的状态。虽然,第四次会议只形成会议纪要,但根据公司法的规定,股东会议只要制作了会议记录且有出席会议的股东签名即可。因此,本案第四次会议纪要的内容足以证明在出资期限问题上,变更了第三次会议所作决议的规定。

电子商务公司第二届五次股东会决议的内容议题是吸收合并朗德公司。虽然本次会议议决事项已经三分之二以上的表决权通过,但会议所议之合并事项,实质上仍是要解决公司的增资问题。从朗德公司成立的目的及其注册资本数额来看,其成立就是为了向电子商务公司增资。与其他公司合并是解决增资问题的途径之一,但如果原公司股东可以投入公司需要的注册资本,公司的合并就失去了必要。另外，公司的合并是否能够真正达到增加公司注册资本的目的，还要待实际评估资产状况后，才能得出结论。本案朗德公司的注册资本虽然为2 380万元，但其与电子商务公司合并是否能够满足3 000万元注册资本的需求，还要对朗德公司的资产进行清算评估后才能确定。只有在该公司净资产达到2 380万元的前提下，才能确定朗德公司的各股东向电子商务公司投入了2 380万元。公司合并与否应由股东之间进行协商，并以不损害各股东合法利益为前提。本案合并的实际目的是增资，现聂梅英明确表示其可以向公司增资2 380万元，在此前提下，公司的合并无实际意义。为了确保大股东对公司的控制地位进行的合并行为实际上直接侵害了聂梅英优先向公司增资的权利。

综上，根据《公司法》及公司章程的规定，股东之间如果就公司事务产生分歧，应通过表决的方式解决，按资本多数决原则形成决议，股东应按决议执行。但资本多数决原则的前提是决议内容不得违反法律的规定，并不得侵犯股东的合法权益。从本案的具体情况来看，两次股东会决议的有关内容明显违反了《公司法》关于公司增资的相关规定，侵犯了聂梅英作为公司股东对公司增资享有的优先认缴权。因此，这两次股东会决议的有关内容是不能产生法律效力的。原审判决认定这两次股东会决议内容有效应属于适用法律不当，应予依法纠正。在确认第二届五次股东会决议无效的前提下，聂梅英提出的确认电子商务公司与朗德公司合并无效的诉讼请求也就丧失了基础，况该吸收合并尚未实际实施。

关于聂梅英提出的偿付律师费的主张，因为聂梅英已提出相关证据证明其实际支出了律师代理费用，且该代理费用并未超出律师收费标准，故该费用应由电子商务公司偿付聂梅英。

据此，天津市高级人民法院做出二审判决：撤销天津市第一中级人民法院的一审判决，确认电子商务公司第二届第五次股东会决议（吸收合并朗德公司）无效，确认电子商务有限公司第二届第三次股东会决议第三条(引入新股东出资)无效,确认聂梅英按持股比例对电子商务有限公司本次增资享有人民币 767.5 万元的优先认缴权,并确认聂梅英对信息港发展公司、银翔中心不能认缴的增资享有优先认缴权,判令电子商务公司给付聂梅英实际支出的诉讼代理费用人民币 383 750 元。

第五节　公司减资司法实务

一、公司减资的内涵与程序

(一)公司减资的内涵

公司减资(Reduction of capital)是指公司基于某种经营需要,依据法定的条件和程序,减少公司已注册资本总额的法律行为。

公司减资也是公司资本变动的情形之一。根据资本不变原则,公司是不能随意减少公司资本的。但是,在公司在生产经营过程中发生资本过剩、经营亏损等情况时,为了减轻公司的负担,发挥社会财富的整体效益,法律允许特定情况下的公司减资。因为如果坚持资本不变,就可能在公司资本过剩或者严重亏损时发生资本停滞和浪费现象,使资本失去作为公司经营物质基础和信用标示的作用。所以,在公司资本过剩时的公司减资可以消除公司运营过程中存在的预定资本过多、过剩现象,而在公司经营出现严重亏损时的公司减资能够及时注销公司的部分股份,使公司的注册资本与公司的净资产水准相符,有利于昭示公司的真正信用状况。具体来讲,减资的目的和作用如下。

(1)因公司宗旨、经营范围等情况发生变化引起公司资本过剩,需减少资本过剩。如保持资本不变,会导致资本在公司中的停滞和浪费,不利于提高财产效用。

(2)所经营的项目停止,需缩小公司的经营规模。

(3)公司经营管理不善或者外部条件恶化而发生严重亏损,使公司净资产显著低于注册资本,那么通过减资,就可以使公司注册资本与公司实际资产保持一致。否则资本与其净资产差额过大,公司资本将失去其显示公司信用状况的实际意义。

(4)在有盈利才有分配的盈利分配规则之下,公司的盈利必须首先用于弥补亏损,如果公司亏损严重,将使股东长期得不到股利的分配,不利于调动股东的积极性,保持公司的凝聚力。通过减资,可以尽快改变公司账面的亏损状态,使公司具备向股东分配股利的条件。

(5)在派生分立或分拆分立情况下,原公司的主体地位不变,但资产减少,也会需要相应地减少公司资本。此外,当公司要解散时,为了使公司清算程序简化,公司通过减资把大部分财产提前返还给股东,仅留下必要的资产以维持公司的正常运行。

(二)公司减资的程序

由于公司减资直接影响到债权人及股东的利益,为遏制公司随意减资,规范公司减资行为,公司法对公司减资有较为严格的规定。根据《公司法》的相关规定,公司减少注册资本的程序大致如下。

1. 董事会拟定公司减资方案

根据《公司法》第 46 条、第 108 条的规定,公司减资方案的拟定是公司董事会的职权之一,董事会有权制定公司的减资方案。

2. 编制资产负债表和财产清单

公司减资对公司债权人及股东利益都有直接影响,股东与债权人合法权益得到保护的前提条件是公司清晰的财产状况。《公司法》第 177 条第 1 款规定:"公司需要减少注册资本时,必须编制资产负债表及财产清单。"因此,公司在减少注册资本时,必须清理公司资产、负债和收益情况,在此基础上编制出资产负债表和财产清单。

3. 股东会(股东大会)做出公司减资的决议

公司减少注册资本是公司的重大事项之一,对此必须由股东会(股东大会)做出决议。《公司法》第 37 条、第 43 条、第 66 条和第 103 条规定,公司董事会(或执行董事)制定的公司减资方案,需通过股东会(股东大会)特别决议通过。其中,有限责任公司股东会对公司减资做出决议,必须经代表三分之二以上表决权的股东通过。股东会决议可以召开股东会的形式做出,也可以不召开股东会的形式直接做出,以直接形式做出的,须股东以书面方式一致表示同意。国有独资公司减少注册资本应由国有资产监督管理机构决定。股份有限公司股东大会对公司减资做出的决议,必须经出席会议的股东所持表决权的三分之二以上通过。

4. 通知和公告债权人

《公司法》第 177 条第 2 款规定:"公司应当自做出减少注册资本决议之日起 10 日内通知债权人,并于 30 日内在报纸上公告。债权人自接到通知书之日起 30 日内,未接到通知书的自公告之日起 45 日内,有权要求公司清偿债务或者提供相应的担保。"这是为防止公司假借减资而逃避债务,对公司债权人合法权益进行保护的程序性规定。

5. 办理公司变更登记

公司减少注册资本以后,应当向公司登记机关申请办理注册资本变更登记。公司减少注册资本,应自公告之日起 45 日内申请变更登记,并应提交公司在报纸上登载公司减资公告的有关证明和公司债务清偿或者债务担保情况的说明。公司注册资本属于公司章程的绝对必要记载事项，也是公司登记内容的重要事项，因此，公司减少注册资本必须依法修改公司章程，办理相关变更登记手续。

二、公司减资的方式

（一）有限责任公司和股份有限公司均可适用的减资方式

1. 同比减资

同比减资主要是指公司的各个股东按照原来出资的比例或者原来所持有的股份比例同时的进行减资，所以公司减资后，原来的股东所持有的出资比例或者持有的股份比例没有发生变化。

2. 非同比减资

非同比减资主要是指公司的各个股东通过改变原来出资比例或者原来所持有的股份比例来进行减资，有些股东可以选择不减资，有些股东可以选择多减资，所以最后公司减资后原来的股东所持有的出资比例或者原来所持有的股份比例就会发生变化。

3. 返还出资

返还出资主要是指从已经缴纳的出资额中提取一部分出资额，把这部分出资额返还给出资股东，所以这样的减资方式不仅减少了公司的资本，同时也减少了公司的净资本。

4. 免除出资义务

免除出资义务主要是指对于那些还没有交足出资额的股东，免除他们出资的义务，不需要交纳出资额。

（二）仅适用于股份有限公司减资的方式

1. 减少股份总数

减少股份总数是指只减少公司股份的总数，每股股份的金额并不减少。该种方式又可分为消除股份和合并股份：消除股份指取消一部分或特定的股份，依是否需要征得股东的同意，又分为强制消除和任意消除；合并股份是指将两股或两股以上的股份合并为一股。

2. 减少股份金额

减少股份金额是指减少公司股份每股的金额，而并不减少公司股份的总数。该种减资方式可以通过免除股东应缴纳的股款或者发还已缴纳股款的方式进行。

3. 同时减少股份总数和每股金额

同时减少股份总数和每股金额就是前两种方式的合并运用。这种减资方式的结果是既减少了公司股份的数量，同时又降低了每股股份的金额，公司股东的股权比例和持股比例都发生了减少。

三、公司减资中的利益冲突：股东和债权人合法利益的保护

（一）公司减资中的利益冲突之一：股东利益的保护

公司减资对于公司股东利益具有重大影响，因为"股份数的减少或者股金的返还在股东之间不平等地形成时，当然要伴随少额股东的经济损失，有时可以被逐出少额股东的方法来恶用。这一点，尤其是在以股份并合的方法减少时，更为明显"。公司

的股东有优先股股东与普通股股东之分,而其中的普通股股东
又可划分为控股股东和非控股股东。由于股权的类别不同或者
股权的比例不同,公司是否减资以及公司如何减资对不同股东
的利益影响是有区别的。无论是实质性的减资,还是形式性的
减资,减资的意向通常都是由控股股东更多地考虑自身利益而
做出的,由此,中小股东的利益可能会受到不同程度的不利影
响。因而,如何在减资过程中做到公正地对待不同的股东,协调
好股东之间的利益冲突,成为各国公司立法必须认真考量的重
要方面。

目前,绝大多数西方国家,如英国、法国、德国及日本等,在公
司减资的立法中,为了保证公司减资能够体现不同股东群体利益
的一致,在程序方面要求公司减资须经股东会特别决议同意,并
以股东会特别决议同意为减资的生效要件,以体现程序公正;在
实体方面,有的要求得到各种股份股东的同意后方得减资,有的
要求公司必须向法院提交减资的股东会决议以进行公正性审查,
有的还要求对在减资时不遵守股东平等原则的董事长或者董事
予以罚金。

(二)公司减资中的利益冲突之二:债权人的利益保护

不论是实质意义上的减资还是形式意义上的减资,对公司债
权人的利益都会产生重大影响。在实质意义上的减资中,实际上
就是将股东的出资予以返还,公司的责任财产减少,在法律效果
上等于股东优先于公司债权人而回收其对公司的投入。导致公
司净资产的减少,使公司的偿还能力实际降低。在形式意义上
的减资中,虽然其净资产并不减少,因此似乎债权人保护不成问
题。但是,即使是形式上的资产减少,也会缩小将来公司根据资
本充实的原则应储备的净资产的规模,因此从消极的意义上说,
同样也会导致责任财产的减少。商法不分实质性的和形式性的
减少,要求所有公司进行资本减少时,均应经过债权人的保护
程序。

四、减资未有效通知债权人情况下股东的法律责任

上海善通装饰材料有限公司与秦某、宋某公司减资纠纷案①

本案中,上海秦臻大酒店有限公司(以下简称秦臻大酒店)对于善通公司的债务由上海市闵行区人民法院(2008)闵民二(商)初字第 2686 号民事调解书予以确认。秦臻大酒店于 2008 年 7 月 31 日经工商局注册登记成立,股东为秦某和宋某。公司原注册资本为 80 万元,秦某认缴出资 48 万元,实缴出资 9.6 万元,宋某认缴出资 32 万元,实缴出资 6.4 万元。2011 年 4 月 1 日,秦臻大酒店公司在《新民晚报》上刊登了减资公告。同年 5 月 31 日,秦臻大酒店向工商局出具"有关债务清偿及担保情况说明",表示根据 2011 年 4 月 1 日公司股东会决议,公司编制了资产负债表及财产清单,在该决议做出之日起 10 日内通知了债权人,并于 2011 年 4 月 1 日在报纸上刊登了减资公告,未清偿债务的,由秦臻大酒店公司继续负责清偿,并由股东提供相应的担保。次日,公司向工商局申请变更登记,注册资本由原来的 80 万元变更为 16 万元,工商局对此做出变更登记。2012 年 3 月,善通公司以秦臻大酒店对注册资本进行减资,但减资程序中未通知作为已知债权人的善通公司,构成减资不当为由向法院起诉,要求秦某、宋某对秦臻大酒店应向其支付的 109 228.40 元的付款义务在,秦某某减少出资 38.4 万元、宋某某减少出资 25.6 万元的范围内承担补充赔偿责任,得到法院的支持。法院查明,秦臻大酒店分四次从其银行账户上分别汇款 1.5 万元至善通公司账户,应认定善通公司是秦臻大酒店的已知债权人。秦某、宋某作为秦臻大酒店公司股东应当按期足额缴纳公司章程中规定的各自所认缴的出资额,但二人以通过股东会减资决议的方式对尚未缴足的出资额免除

---

① 上海市杨浦区人民法院(2012)杨民二(商)初字第 156 号民事判决书(一审),上海市第二中级人民法院(2012)沪二中民四(商)终字第 712 号民事判决书(二审)。

各自的缴付义务。该种减资方式尽管没有实际资产的流出,但实际上使得本应增加的公司资产无法增加,是消极意义上的资产减少,属实质减资。秦臻大酒店在减资中对于已知债权人的善通公司,仅在《新民晚报》上刊登减资公告,而未依法及时采取合理、有效的方式予以告知,致使善通公司未能及时行使相关权利,危及其债权的实现。秦臻大酒店注册资本具有对公司债权人的担保功能,因秦某、宋某的减资行为存在瑕疵,导致减资前形成的公司债权在减资后清偿不能,其应在减资数额范围内对秦臻大酒店公司债务承担补充赔偿责任。善通公司的诉讼请求,于法有据,应予支持,遂判决秦臻大酒店公司股东秦某在减资 34.8 万元范围内、宋某在减资 25.6 万元范围内承担补充赔偿责任。

第四章　公司债的制度研究

公司债是一种重要的有价证券,是公司外部融资的一种重要手段,是公司工资的重要来源,也是金融市场上的重要金融工具之一。公司债法制度在于调整债券持有人、股东和发行公司之间所形成的社会关系,协调他们相互之间的利益关系。

第一节　公司债概述

一、公司债的界定

公司债是指公司为筹措资金,依法定程序向社会公众公开发行债券,从而形成的一种金钱债务。公司债体现着发债公司和投资者之间的一种债权债务关系。公司债的书面表现形式便是公司债券。我国《公司法》没有规定公司债的概念,而直接采用"公司债券"称谓,其第153条规定:"本法所称公司债券,是指公司依照法定程序发行,约定在一定期限还本付息的有价证券。"

对公司而言,发行公司债券可以筹集到生产经营所需的资金。当然,它既有优势也有明显的不足。其优势体现在:相比银行贷款,公司债的周期长,利率锁定,在通胀持续的情况下,成本更低,使用灵活性更强;公司债券持有人不参与公司的经营管理,发行公司债券不会对公司控制权的变动产生影响;公司所支出的公司债券本息还可以在公司税前利润中扣除,不计入应纳税所得额,相对于股权融资而言避免了经济性重复征税。其劣势表现为:从短期来看,发行公司债券不如银行贷款有效,因为公司债券的发行程序较银行贷款繁杂,如涉及公司信用评级。就长期而言,公司债的发行会增加公司财务负担,提高公司的负债率;在债务到期后,还本付息的现金支出,可能会给公司带来较大的支付压力,造成资金周转困难。

对投资者而言,通过公司发行债券可以丰富证券品种,扩大证券市场规模,增加投资者的投资机会。作为公司债券持有人,有权在公司债的约定期限届满时取得约定的利息和收回本金,但无权参与公司的经营管理,也不必承担公司的经营责任。

需要强调的是,公司债作为一种投资对象,尽管从法律上约定了"还本付息",但是公司债券持有人作为公司的债权人,其债权的实现最终取决于发行公司债券之公司的实际偿付能力。公司作为一个独立的法人,自负盈亏,当公司经营不善不能偿还到期债务或资不抵债时,公司有可能破产。公司的破产自然会对该公司债券的持有人造成损失之虞。因此,公司债的投资风险也不容忽视。为保护投资者的利益,各国均通过专门法律对公司债券的发行与交易予以规范。公司在发行债券时,通常须经严格的审查或要求,发行企业有财产作担保。而且,较之其他债券,由于公司债券具有较高的风险性,故其利率要高于政府债券和金融债券,但不超过国务院限定的利率水平。

在我国,企业债券是一个与公司债券类似的概念,它泛指除了金融债券与外币债券之外的各种法人企业发行的债券。但在实际上,企业债券也基本上就是公司债券,因此一般说公司债券也包括了其他企业债券。而西方国家,通常只允许股份有限公司发行债券,因此不存在企业债券的概念。

二、公司债的分类

公司债的发行,可以根据发债公司的意愿和需要,采取不同的发行形式,或者约定不同的发行条件,由此而产生不同种类的公司债。在通常情况下,发债公司可以发行何种公司债,均由公司法或者其他有关法律事先加以明确规定,发债公司在法律规定允许发行的公司债种类之内,确定发行何种公司债。

（一）实物债与登记债

依公司债是否以实物券方式发行,可以将公司债分为实物债与登记债。前者为实际发行实物形态债券的公司债,后者为不发行实物形态的债券,仅通过在登记机关对公司债债权人进行登记而发行的公司债。在我国《公司法》上,仅对实物债做出了明确规定,《公司法》第 155 条规定:"公司以实物券方式发行公司债的,必须在债券上载明公司名称、债券票面金额、利率、偿还期限等事项,并由法定代表人签名,公司盖章。"但这并不表明我国不允许发行登记债。

（二）记名公司债与无记名公司债

依公司债是否在公司债券上记载公司债债权人的名称,可将公司债分为记名公司债和无记名公司债。我国《公司法》第 156 条规定:"公司债券,可以为记名债券,也可以为无记名债券。"根据这一规定,发债公司既可以确定发行记名公司债,也可以确定发行无记名公司债。而且,法律亦未禁止同时采用两种方式,因而,也可以认为,在同一次公司债的募集中,不妨碍同时发行记名公司债和无记名公司债。

1. 记名公司债

记名公司债所形成的债权为记名债权,依照公司法规定,应将债权人名称等记载于公司债券存根簿上。在记名公司债转让时,应依背书或者其他法定方式进行,且须办理债权人变更记载手续,即由公司将受让人名称等记载于公司债券存根簿上。从我国《公司法》第 160 条第 1 款前段关于"记名公司债券,由债券持有人以背书方式或者法律、行政法规规定的其他方式转让"的规定来看,对于记名公司债的转让,转让人在公司债券上完成背书并予以交付,相对于转让人和受让人来说,应为记名公司债转让的生效要件,亦即此时即在两当事人之间成立公司债转让关系;而从我国《公司法》第160条第1款关于记名公司债券"转让后由公司将受让人的姓名或者名称及住所记载于公司债券存根簿"的规定来看,公司将受让人名称等记载于公司债券存根簿上,相对于公司(债务人)和第三人来说,则应为记名公司债转让的对抗要件,亦即公司债券的受让人,非经记载于公司债券存根簿,不得对公司及第三人主张拥有公司债债权。

2. 无记名公司债

无记名公司债则属于无记名债权,因而无须在公司债券存根簿上记载公司债债权人名称等事项,转让时亦无须进行背书及履行债权人变更记载手续。依照公司法规定,无记名公司债的转让,在债券持有人将债券交付给受让人时,即发生公司债转让的效力。在通常情况下,公司债大多以无记名公司债的形式发行。

(三)担保公司债与无担保公司债

依公司债在偿还上是否有担保,可将公司债分为担保公司债和无担保公司债。前者就公司债的偿还设定一定的担保,公司债债权人在其公司债债权不能实现时,应依担保权的行使而优先受偿;后者则无此种担保,公司债债权人仅能作为一般债权人取得受偿,而不能通过担保权的行使取得优先受偿。在我国公司法中,虽然没有对担保公司债的发行做出专门规定,但在有关公司债募集办法的规定中,规定了在募集办法中应当载明债券担保情况;而在现实的公司债发行上,主管部门均要求发债公司提供债券发行的担保,以确保债券发行的信用。因而可以认为,我国的公司债发行,既可以发行现行担保公司债,也可以发行无担保公司债。从国外公司债发行的实际情况来看,绝大部分普通公司债均采用担保公司债的方式发行,仅有转换公司债等特殊种类的公司债,以及经营业绩特别优良的公司发行的公司债,才可能以无担保公司债的方式发行。

就担保公司债来说,存在着人的担保和物的担保两种情况。人的担保是由发债公司以外的第三人,对公司债的偿还提供保证,在发债公司不能偿还到期的公司债时,由该保证人承担偿还义务。因此,设定人的担保的担保公司债,也称为保证公司债或者保证债。在由发债公司以外的其他公司承担保证时,为一般保证债;在由政府承担保证时,则为政府保证债。物的担保则是由发债公司以自己所有的财产,对公司债的偿还提供担保,在发债公司不能偿还到期的公司债时,公司债债权人有权从提供担保的公司财产中优先获得清偿。实际上,发债公司通常均由银行作为保证人,为其所发行的公司债提供担保。设定物的担保的担保公司债,乃是就全体公司债债权人设定共同的担保权,使之共同享受担保利益的公司债。物的担保的标的物,通常应为发债公司的现有财产。在以发债公司的总财产作为担保物,公司债债权人有权从公司总财产中优先获得清偿时,为一般担保公司债;在以发债公司的特定财产作为担保物,公司债债权人有权从该特定财产中优先获得清偿时,为特别担保公司债。

(四)转换公司债与非转换公司债

依公司债是否可以转换为公司股份,可将公司债分为转换公司债和非转换公司债。前者得依公司债债权人的请求,而依事先确定的办法,将公司债转换为公司股份,后者则不能将公司债转换为公司股份。我国《公司法》第161条规定:"上市公司经股东大会决议可以发行可转换为股票的公司债券。"从这一规定可以看出,可以发行转换公司债的公司,仅限于上市公司,非上市公司目前尚不能发行转换公司债。

转换公司债在性质上仍为公司债,但由于这种公司债具有转换为股份的可能性,因而在经济上被视为潜在的股份,也是公司债股份化的一种表现。对于投资者来说,投资于公司债,在到期时能够取得本金和固定利息,因而具有投资上的安全性,但同时也使收益带有固定性;而投资于股份,则有可能取得更丰厚的收益,因而具有投资上的机会性,但同时也使收益带有极大的风险性。转换公司债则有可能使两者结合起来,使得投资者有可能兼收两种投资方式之利,而又同时避开两种投资方式之弊。转换公司债的债权人,在公司股票价格下跌时,可以依本来的公司债取得还本付息,以保证固定的收益;而在公司股票价格上升时,则可以将公司债转换为股份,以获取股票增值的收益。由于转换公司债赋予了公司债债权人以转换选择权,使转换公司债在权利行使上具有了更大的灵活性,使得一般投资者乐于认购,从而使发债公司更易于进行公司债的募集。同时,对于发债公司自身来说,在发行转换公司债并可能实现其向股份的转换时,则可以在取得增资的同时,减少相应的债务负担。

对于转换公司债的发行,我国公司法规定了较非转换公司债更为严格的条件。转换公司债的发行,大体上相当于股票的发行,因而,发行转换公司债的公司,必须为股份有限公司,而且还必须为上市公司,亦即必须同时具备发行公司债和发行股票并能将其上市的条件。此外,在发行转换公司债时,必须特别报请国务院证券监督管理机构核准。

(五)其他种类的公司债

在上述主要的公司债种类以外,还存在若干其他的公司债类型,例如参加公司债、附新股认购权公司债、分离债、可交换公司债等。但在我国公司法上,目前对前述各类公司债尚无具体规定。参加公司债是约定在公司股利分配比例超过公司债利率时,即依一定比例增加公司债利息的公司债,由此可以使公司债更接近于股份。附新股认购权公司债是约定给予公司债债权人以新股认购权,公司债债权人得在确定的期间内、依确定的数额,请求买进公司发行的新股;公司债债权人依新股认购权的行使,而成为公司股东,在这一点上,与转换公司债相同,但附新股认购权公司债债权人在行使新股认购权后,并不丧失公司债债权人的地位,而同时兼有公司债债权人与公司股东的双重地位,在这一点上,又与转换公司债不同。分离债乃是分离交易转换公司债的简称,是转换公司债的一个变种,在公司发行公司债时,按照一定比例附送一定数量的认股权证,认股权证持有人有权按照事先约定的条件认购公司股份;而所谓"分离交易",乃是指依此种规则发行的公司债和认股权证,可以相互分离,分别上市交易。可交换公司债是上市公司的股东依法发行,在一定期限内依据约定的条件可以交换成该股东所持有的上市公司股份的公司债券。

三、公司债的特征

公司债是一种契约债,它以公司债券这种有价证券的形式向不特定的社会公众发行,并可以随着公司债券的转让、质押而流转。因此,公司债具有股票、贷款等其他融资方式的共同特点,同时又具有自身的法律特征。

（一）公司债是一种金钱之债

公司债是公司交付公司债券、投资者交付金钱而形成的债权债务关系。显然,公司债是以发行公司债券而成立的债的关系,公司对债券持有人负有还本付息义务,因而是公司对社会公众所负担的金钱债务。

（二）公司债不同于股票

公司债券与股票都是公司筹集资金和社会公众投资的重要方式,也是资本市场上两种主要的有价证券。二者均以公司作为发行主体,以社会公众作为发行对象;均具有较强的流通性;也都具有集中发行、内容定型的标准契约性质。

不过,两者在法律性质上有较大区别,是两种不同的法律关系。公司与公司债持有人之间是一种债权债务关系,公司债券持有人对公司享有给付本息的请求权,但是不享有公司的经营管理权,就此而言,公司债券持有人与其他债权人并无不同。而股票持有者即公司股东与公司之间,是一种股权关系,依据《公司法》第4条规定,公司股东依法享有资产收益、参与重大决策和选择管理者等权利。正如王文宇教授所言:"公司债债权人以债权人身份,系公司局外人,不论公司经营良好与否,均得向公司请求一定本息之给付。而股东则借由持有股份,行使股东权,并得参与公司之经营,至于是否得领有股利,需视公司经营是否有盈余而定。"①可见,公司债券与股票作为不同的投资工具,其利益和风险差别甚大,一般而言,公司债的投资风险较小,股票投资的风险则较大。

(三)公司债不同于一般的借贷之债

我国台湾地区的公司法学者在比较公司债与消费借贷时指出,公司债契约具有类似有偿消费借贷的性质,但又存在不同之处:公司债是一种诺成契约,成立于发行公司与应募人意思表示一致时,消费借贷则须交付金钱或其他代替物方能成立;消费借贷为不要式契约,公司债则须发行公司债券,是一种大量的、集团性的契约,其契约内容趋于定型化。

此外,二者还有如下区别:①在指向对象及其产生方式上,公司债的募集对象是不特定的社会公众,加之其可自由流转,故具有广泛性和不特定性;一般借贷之债则是指向特定的机构或个人投资者,具有特定性。②权利凭证不同,公司债仅限于公司债券这种有价证券;一般的借贷之债的凭证为合同或其他形式的证据。③公司债的发行和募集必须遵循法定的条件和程序;一般借贷之债则无此严格要求。

---

① 王文宇. 公司法要[M]. 北京:中国政法大学出版社,2004,第364页

四、公司债与公司债券的关系

公司债与公司债券,几乎经常被作为同一概念来使用,而在事实上,在涉及有关发行、转让、种类等绝大多数情况下,公司债与公司债券也确实可以在同一意义上使用。我国《公司法》明确规定了公司债券的概念。我国《公司法》第 153 条规定:"本法所称公司债券,是指公司依照法定程序发行、约定在一定期限还本付息的有价证券。"这是公司债券的法定概念。但在我国公司法上,并未同时规定公司债的概念。尽管人们经常在同一意义上使用这两个概念,但确切地说,公司债与公司债券是两个不同的概念,从二者的关系看,公司债与公司债券的关系,与股份与股票的关系完全相同;公司债券是公司债的表现形式,而公司债则是公司债券的具体内容。

公司债券作为债券之一,与公债券(国家债券、地方债券)及企业债券有着相同的性质和特征,如均须依法发行,均以社会公众为发行对象,均属于约期还本付息的有价证券;同时,公司债券与公债券及企业债券又有着明显的区别,其最主要的区别在于发行的目的、发行的根据和发行的主体不同。公债券是为筹集国家经济建设资金,根据国库券条例等行政法规的规定,由政府发行的债券;企业债券则是为筹集企业经营所需资金,根据《企业债券管理条例》的规定,由企业发行的债券;而公司债券则是为筹集公司经营所需资金,根据公司法的规定,由公司发行的债券。

公司债券作为有价证券之一,与股票、票据以及海运提单等有价证券,也有着相同的性质和特征。例如,均属于表明一定财产性权利的证券,均有着较强的流通性,均属于权利运行的载体[①]。但公司债券也有着不同于其他有价证券、特别是不同于股

---

① 赵新华.票据法[M].长春:吉林人民出版社,1996,第 5 页

票的独自的特征,这主要表现如下。

(1)公司债券既可以是记名证券,也可以是无记名证券,且在通常情况下大多为无记名证券;而股票虽然也允许以无记名证券形式发行,但一般均为记名证券;票据、提单等则通常为指示证券,且为法定指示证券。

(2)公司债券有强大的流通性。法律对债券持有人一般无特别的限制,同时法律亦并未禁止发债公司受让自己的公司债券;而法律对股票的转让则有较多的限制,在通常情况下,法律禁止公司收购自己的股票,即使在特殊情况下允许收购,亦须在法律规定的期间内进行相应的处分。

(3)公司债券为设权证券。公司债债权人依公司债券的发行而取得对公司的公司债债权,成为公司债债权人;而股票则属于非设权证券,公司设立时,无论是发起设立还是募集设立,在公司登记成立之前,认股人应交纳股款,在交纳股款后,即取得了股东地位,但是不能同时取得股票的交付,只有在公司登记成立后,方能取得股票的交付。

第二节 公司债的发行

一、公司债券发行的条件

我国《公司法》第153条第2款规定,公司发行公司债券应当符合我国《证券法》规定的发行条件。根据我国《证券法》的规定,主要条件有以下几个。

(一)主体条件

从主体上看,有权发行公司债券的公司主要有股份有限公司和有限责任公司。

1. 股份有限公司

由于股份有限公司的经营规模比较大,财务公开,透明度较高,所以世界各国的法律都允许股份有限公司发行公司债券。我国《公司法》和《证券法》采取了国际上这一通行做法。因此,在我国,依法设立的股份有限公司只要符合我国《证券法》所规定的发行公司债券的其他条件,不论属于何种经济类型,都可以向国务院证券监督管理机构或国务院授权的部门申请核准,经核准后即可发行公司债券。

2. 有限责任公司

在绝大多数国家,发行公司债券只是股份有限公司的一项特权或特有的权利能力,其他类型的公司是不具备此项权利能力的。但也有少数国家允许有限责任公司发行公司债券。如奥地利现行《有限责任公司法》规定:有限责任公司可以发行公司债券,但发行无记名公司债券须得到政府许可。考虑到我国的实际情况,我国《证券法》在这个问题上做出了允许有限责任公司发行公司债券的规定。我国《证券法》之所以做出这样的规定,主要是考虑到我国的投资现状和传统做法。由于我国的投资基金比较短缺,单靠国家投资难以满足企业需求,因此在 1993 年《公司法》颁布以前,国家也已允许一些大中型国有企业发行企业债券,以筹集社会闲散资金,解决本企业的资金困难,这在过去的法规中也有规定。而 1993 年《公司法》则用法律形式对此做出了进一步肯定,从而使我国《公司法》和《证券法》中关于公司债券的规定更加符合我国国情,同时与国际上的通行做法亦出入不大。

不过,在 2005 年 10 月 27 日修订之前的《公司法》规定,仅有国有独资公司和两个以上的国有企业或者两个以上国有投资主体投资设立的国有有限责任公司能够发行公司债券。很多学者认为,《公司法》不应给予国有有限责任公司发行公司债券特别优惠,应统一公司债券发行的资格,他们建议将原《公司法》第195条修改为:"为筹集生产经营资金,股份有限公司和有限责任公司可以依照本法发行公司债券。"现行《证券法》基本采纳了这一意见。

(二)其他条件

我国《证券法》在对发行公司债券的主体做了限制性规定的同时,又对这些主体须具备哪些条件才可发行公司债券做出了明确规定。根据我国《证券法》第16条的规定,发行公司债券必须符合以下条件。

1. 筹集的资金投向符合国家产业政策

为了调整产业结构,平衡经济发展,世界各国都制定了本国的产业政策,我国也不例外。国家产业政策是指国家在一定时期内,运用宏观调控手段,支持发展哪些产业、允许发展哪些产业、限制发展哪些产业的政策。因此,公司应将通过发行公司债券而筹集的资金主要用于国家重点支持的产业和产品,而不得投向停止生产的产业和产品。另外,在符合国家产业政策的前提下,所募集资金还必须用于审批机关批准的用途,不得用于弥补亏损和进行非生产性支出。

2. 公司最近3年平均可分配利润足以支付公司债券的1年利息

公司可分配利润是指公司依法纳税、弥补亏损、提取公积金后所得用于分配的利润。从某种意义上看,它也是衡量公司经济效益好坏的指标之一,因此也成了发行公司债券的一个条件。如果公司达不到这样的条件,就说明它的经营有问题,经济效益不高。而允许这种情形下的公司发行公司债券,就等于提高了发行和购买公司债券的风险,这对公司和社会上的投资者都是十分不利的。所以,为了保证公司的正常运行和发展,保护社会公众的利益,在我国《证券法》上做此项限制是非常必要的。

3. 债券的利率不得超过国务院限定的利率水平

一般来说,公司债券的利率要比银行同期储蓄存款的利率高。因为只有这样,公司才能吸引社会上的众多投资者将存款从银行中提出,用于购买公司债券,从而有利于公司筹集所需资金。但为了加强对公司债券的管理,引导资金的合理流向,有效地利用社会闲散资金,法律必须对公司债券的利率做出限定。国务院颁发的《企业债券管理条例》第18条明确规定:企业债券的利率不得高于银行相同期限居民储蓄定期存款利率的40%。这一条也适用于公司债券,是发行公司债券的条件之一。在实务中,由于发行公司债券事先须经过国务院证券监督管理部门核准,公司债券利率不合规定的,将不会得到批准。

4. 股份有限公司的净资产额不低于人民币 3000 万元,有限责任公司的净资产额不低于人民币 6000 万元

所谓净资产额是指公司资产总额减去全部负债后的余额。《公司法》之所以对发行公司债券的公司的净资产额做出限制性规定,就是因为公司只有在资金充足、经济效益较好的情况下,才能保证偿还公司债,从而充分保护公司债债权人的合法权益,维护证券市场的交易安全。如果法律对此不加以任何限制,势必会使许多资金不足、经营状况不佳的公司也进入发行公司债券的行列,这就不免会出现发行公司无法按期还本付息的后果,不仅损害公司债债权人的利益,而且对经济秩序的稳定也有不良影响。因此,我国《证券法》在总结国外立法经验的基础上,对发行公司债券的公司的净资产额做了限制。也有很多学者建议,在公司债券发行条件中,对有限责任公司和股份有限公司的净资产额应统一做出规定,不应作如此大的区分。

5. 累计债券总额不超过公司净资产额的 40%

所谓累计债券总额是指公司各次发行的尚未到期的全部公

司债券的总和,而不是指某次发行的公司债券的数额。各国公司法均有限制公司债券发行总额的类似规定,其主要目的与对公司资产总额或净资产额做出限制的目的一样,都是为了维护证券交易的安全可靠,充分保护公司债债权人的利益,保证社会经济的稳定发展。鉴于各个公司的资产状况、经营规模的不同,我国《证券法》对公司债券的总额没有作具体数量上的限制,而只是做了一个比例上的限制,即累计债券总额不超过公司净资产额的40%。但《证券法》的这一比例,与《企业债券管理条例》第16条的规定有很大差距。后者允许企业发行企业债券的总面额最大可达企业净资产额的100%。有学者认为,在同样条件下,公司可能更愿意选择发行企业债券。

6. 国务院规定的其他条件

我国《证券法》作为规范证券发行与交易活动的基本法,不可能事无巨细均规定得面面俱到、无一遗漏,而且法律也不可能预见到将来可能发生的所有情况并预先加以解决,因此这就需要政策作必要的补充。《证券法》对公司债券的发行条件作这样一条灵活性的规定,就体现了这种实际需要,同时也更加有利于国家对公司及公司债券的管理。上市公司发行可转换为股票的公司债券,除应当符合上述规定的条件外,还应当符合《证券法》关于公司公开发行股票的条件,报国务院证券监督管理机构核准。

(三)禁止条件

我国《证券法》在对公司债券发行的积极条件作了规定的同时,又在第18条规定了三项禁止条件。

1. 违反《证券法》规定,改变公开发行公司债券所募资金的用途的,不得再次公开发行公司债券

我国《证券法》第18条第3项规定,违反法律,改变公开发行

公司债券所募资金的用途的,不得再次公开发行公司债券。

我国台湾地区《公司法》也有类似规定,即公司有下列情形之一者,不得发行公司债:①对于前已发行的公司债或者其他债务有违约或迟延支付本息的事实,尚在继续中者;②最后3年或开业不及3年的开业年度课税后的平均净利,未达原定发行的公司债应负担年息总额100%者,但经银行保证发行的公司债不受限制。①

2. 前一次发行的公司债券尚未募足的,不得再次发行公司债券

由于各种原因,公司发行的公司债券不一定每次都能被全部认购。如果前一次发行的公司债券尚未被全部认购,公司就开始下一次公司债券的发行,势必造成不同种类、不同金额、不同发行日期、不同偿还办法的公司债券的重叠,这不仅对公司发展不利,而且还可能造成公司债券发行秩序的混乱,因此我国《证券法》把这样一条禁止性规定作为公司债券的发行条件之一。按此规定,只有在前一次发行的公司债券已被全部认购的情况下,公司才可以再次发行公司债券,否则即不得发行。

3. 对已发行的公司债券或者债务有违约或者延迟支付本息的事实且仍处于继续状态的,不得再次发行公司债券

由于公司债券的主要特点就在于到期还本付息,因此公司对已经发行的公司债券或债务有违约或延迟支付本息的事实且仍处于继续状态,就说明公司的资信状况或经济效益出现了问题,这就可能导致公司到期不能偿还公司债券的后果。在这种情况下仍允许公司发行公司债券,势必会损害公司债券债权人的合法权益。所以,一旦有上述事实发生,公司就不得再次发行公司债券,而国务院证券监督管理部门也不得批准处于此种状态的公司再次发行公司债券。

---

① 戴鹌隆,凌相权．台湾商事法论[M]．武汉:武汉大学出版社,1992,第104页

二、公司债券发行方式

我国《公司法》没有直接规定公司债券的发行方式,但从其他国家法律规定来看,公司债券发行主要有两种方式。

(一)直接募集发行

直接募集发行是指发行人直接向社会公众公开发行债券、募集债券,并不委托其他任何机构发行。如日本法律就规定,公司发行公司债券应以直接募集为主要方式。

(二)委托募集发行

委托募集发行是指发行人自己不办理发行事务,而是委托其他经营公司债券业务的机构进行发行。这种方式还可以细分为以下两种。

1. 代销募集发行

代销募集发行是由发行人委托证券承销商代办销售其所发行的公司债券的一种发行方式。受托人一般是商业银行、信托公司和证券公司,它们和发行债券的公司签订委托合同,收取一定的手续费。如果在合同规定的承销期内它们没有将公司债券销售完,可以将剩余的公司债券退还给发行公司。如我国《证券法》第28条第2款规定:证券代销是指证券公司代发行人发售证券,在承销期结束时,将未售出的证券全部退还给发行人的承销方式。

2. 包销募集发行

包销募集发行指承销商认购公司发行的全部公司债券,再向外销售;或者承销商先向外界销售,在约定承销期满后,再将剩余的债券自行收购,以完成债券的发行。在第一种情况下,作为委托人的公司将债券以低于债券票面的价格卖给承销商,承销商以债券票面价格或更高的价格出售,获取差价利益;在第二种情况下,承销商先自行销售,自行负责,如果发行债券的公司信誉良好,公司债券在证券市场上供不应求或行情看好,承销商可以溢价出售债券。这种承销商通常都是商业银行和专门经营证券业务的证券公司。如我国《证券法》第 28 条第 3 款规定:证券包销是指证券公司将发行人的证券按照协议全部购入或者在承销期结束时将剩余证券全部自行购入的承销方式。

三、公司债的发行程序

公司债的发行有严格的法定程序,根据《公司法》《证券法》及《公司债券发行试点办法》的规定,我国公司发行债券应当遵循以下程序。

(一)公司董事会制定公司债券发行方案

依据《公司法》的规定,董事会负责制定公司增加或减少注册资本以及发行公司债券的方案。

(二)公司股东会或股东大会决议

依据《公司法》、《证券法》及《公司债券发行试点办法》的规定,申请发行公司债券,应当由股东会或股东大会对下列事项做出决议:(1)发行债券的数量;(2)向公司股东配售的安排;(3)债券期限;(4)募集资金的用途;(5)决议的有效期;(6)对董事会的授权事项;(7)其他需要明确的事项。公司股东会或股东大会做出上述决议时,必须经出席会议的股东所持表决权过半数通过。

国有独资公司发行公司债券,必须由国有资产监督管理机构决定。

(三)保荐人保荐并向中国证监会申报

发行公司债券,应当由保荐人保荐,并向中国证监会申报。

保荐人应当对债券募集说明书的内容进行尽职调查,并由相关责任人签字,确认不存在虚假记载、误导性陈述或者重大遗漏,并声明承担相应的法律责任。

(四)向国务院证券监督管理机构申请核准

我国《证券法》第 17 条规定,申请公开发行公司债券,应当向国务院授权的部门或者国务院证券监督管理机构报送下列文件:①公司营业执照;②公司章程;③公司债券募集办法;④资产评估报告和验资报告;⑤国务院授权的部门或者国务院证券监督管理机构规定的其他文件。

(五)国务院证券监督管理机构核准

《公司债券发行试点办法》第 20 条规定,中国证监会依照下列程序审核发行公司债券的申请。

(1)收到申请文件后,5 个工作日内决定是否受理。

(2)中国证监会受理后,对申请文件进行初审。

(3)发行审核委员会按照《中国证券监督管理委员会发行审核委员会办法》规定的特别程序审核申请文件。

(4)中国证监会做出核准或者不予核准的决定。

公司债券申请后可以一次核准,然后分期进行发行。但是按照法律的规定,需要在核准之后的 6 个月时间之内发行首期,剩余的公司债券可以在两年之内进行发行。一般来说,首期发行的数量不能少于总量的百分之五十,剩余的部分可以由公司自行决定,每期发行之后,需在五个工作日之内向中国证监会进行备案。

(六)公布债券募集说明书

我国《公司法》第 154 条规定,发行公司债券的申请经国务院授权的部门核准以后,应当公告公司债券募集办法,公司债券募集办法应当载明以下主要事项:①公司名称;②债券募集资金的用途;③债券总额和债券的票面金额;④债券利率的确定方式;

⑤还本付息的期限和方式；⑥债券担保情况；⑦债券的发行价格、发行的起止日期；⑧公司净资产额；⑨已发行的尚未到期的公司债券总额；⑩公司债券的承销机构。

根据有关法律规定，公司应该把中国证监会核准的公司债券的募集说明书在发行前的 2～5 个工作日内发布在中国证监会所指定的报刊中，同时把公司债券的募集说明书发布到中国证监会所指定的网站中。

第三节　公司债券的转让、上市与偿还

一、公司债券的转让

（一）公司债转让的要件

公司债转让的要件，可以分为生效要件和对抗要件两类，前者是相对于转让人与受让人之间关系而要求的要件，亦即确定在转让人与受让人之间是否成立公司债转让的要件；后者则是相对于受让人与发债公司及第三人之间的关系而要求的要件，亦即确定受让人是否得向发债公司及第三人，主张自己为公司债债权人的要件。

1. 公司债转让的生效要件

就公司债转让的生效要件而言，记名公司债与无记名公司债有所不同。

记名公司债转让的生效要件通常应当包括两项，即当事人的意思表示与公司债券的交付。在依背书方式进行公司债转让时，转让人在公司债券上记载受让人并进行签章，即完成公司债券转让的意思表示；在非依背书方式进行公司债转让时，通常需要做

成公司债转让契据或者文书,并由转让人签章,才能完成公司债转让的意思表示。无论采取何种转让方式,均需要在意思表示的基础上,进行公司债券的交付。记名公司债在已有公司债转让的意思表示和交付后,即在转让人和受让人之间发生公司债转让的效果;只要已有公司债转让的意思表示和交付,即使未在公司债券存根簿上进行记载,转让人亦不得再主张转让无效而要求返还债券。

无记名公司债转让的生效要件较为简单,其转让的生效要件仅为交付,转让人一经完成交付,将公司债券交付给受让人,受让人即取得该债券并成为权利人。换言之,无记名公司债券作为无记名有价证券之一种,得依单纯交付进行转让,在已有交付时,债权转让的意思表示即成立,而无须其他书面形式。

2. 公司债转让的对抗要件

就公司债转让的对抗要件而言,记名公司债与无记名公司债也有所不同。

记名公司债转让的对抗要件,乃是将受让人的姓名或者名称及住所,记载于发债公司设置的公司债券存根簿,这一程序通常也称为公司债的更名过户。记名公司债在成立转让但未将受让人记载于公司债券存根簿时,则不得以之与公司相对抗;换言之,受让人不得向公司主张自己为公司债债权人,而要求行使权利,公司亦无须向受让人履行义务①。一般认为,公司债券存根簿上的记载,同时也构成对公司以外的第三人的对抗要件,亦即记名公司债的转让,在未经记载于公司债券存根簿时,不得以之对抗第三人。但国外也有人主张,对于第三人来说,交付即已构成对抗要件;仅对于发债公司来说,记载才能构成对抗要件。

在无记名公司债转让时,作为其成立要件的债券交付,同时也构成其对抗要件。亦即对于无记名公司债来说,其转让的对抗

---

① 江平. 新编公司法教程[M]. 北京:法律出版社,1994,第122页

要件仅为交付,一经完成交付,受让人即成为公司债债权人,得对发债公司行使公司债债权人的权利,同时亦得以此对抗第三人。

(二)公司债转让的方式

公司债转让的方式,依其为记名公司债还是无记名公司债而有所不同。

1. 记名公司债的转让方式

记名公司债的债券为记名有价证券,亦即在证券上载明权利人名称的有价证券。作为记名有价证券,通常并不具有当然指示性,亦即在权利转让时通常不承认其依背书转让,而只能依一般债权转让的规则进行转让;即使采用了背书方式转让,也仅仅是一种形式上的背书,不具有善意取得保护与抗辩切断保护的效力。但是,由于记名有价证券在权利行使时,仍然需要提示证券,否则不能行使权利,因而,对于记名有价证券的转让来说,通知债务人这一对抗要件已经失去意义。我国《公司法》第160条第1款明确规定:"记名公司债,由债券持有人以背书方式或者法律、行政法规规定的其他方式转让;转让后由公司将受让人的姓名或者名称及住所记载于公司债券存根簿。"可以看出,在我国公司法上,记名公司债券的背书转让,与依其他方式、例如通过制作公司债转让文件的方式进行的公司债转让并无特别区别,仅仅是确认当事人具有转让公司债这一意思的一种形式。换言之,我国公司法上的记名公司债的背书转让,仍然属于一般债权转让方式,不具有相当于我国票据法上的票据背书转让的效力。

2. 无记名公司债的转让方式

无记名公司债的债券为无记名有价证券,亦即在证券上不载明权利人名称的有价证券。无记名有价证券的转让方式相对简单,通常仅依单纯交付,即可完成转让。我国《公司法》第160条第2款规定:"无记名公司债券的转让,由债券持有人将该债券交付给受让人后即发生转让的效力。"由于无记名公司债在债券管理及转让方面，具有简便易行、迅速快捷的优点，因而，在一般情况下，发债公司大多采用无记名公司债的形式发行公司债。

（三）公司债转让的原则

公司债有别于公司一般债务的显著特点，即在于公司债乃是以公司债券这一有价证券形式所表现的债务，而有价证券的最大特点，则在于其具有较强的流通性。因而，公司债的转让为法律所认可，是理所当然的；而公司债的转让，在实际上也当然表现为公司债券的转让。换言之，公司债的转让与股份有限公司的股份转让一样，乃是采取证券交易的形式进行的。

基于公司债转让的上述性质，产生了公司债转让的一般原则，这就是由我国《公司法》第159条规定所表明的自由转让和价格约定的原则。首先，对公司债实行自由转让的原则，对公司债的转让不附加任何特别的限制。允许公司债自由转让，对于发债公司来说，不但没有任何不利的影响，反倒可以吸引社会公众认购公司债，保障公司债的成功发行。因为对于认购人来说，公司债的自由转让，乃是一项很大的便利，在其有资金需求或者认为有转移投资风险的需要时，即使公司债偿还期限尚未到来，也可以通过公司债的转让，随时提前收回所投入的资金。其次，对公司债的转让实行价格约定的原则，即其转让价格由转让人和受让人自行约定，而不受发行价格、票面金额或者来自于其他方面的特别限制。在通常情况下，考虑到利率的因素，公司债的转让价格当然要高于发行价格或票面金额，特别是可转换公司债，再加上有可能转换为股票这一有利因素，其转让价格则有可能在更大幅度上超过发行价格或票面金额。

在1993年《公司法》中，基于公司债的大量性和公众性，从维护当时的一般社会经济秩序和金融秩序的需要出发，限定公司债的转让应当在依法设立的证券交易场所进行，在证券交易已经逐渐趋于成熟之后，对公司债转让的场所限制，就显得有些多余，因而,在 2005 年修改《公司法》时,取消了对公司债券转让场所的限制,仅规定在证券交易所上市的公司债券,必须按照证券交易所的交易规则转让。

二、公司债券的上市

公司债券的上市,是指已经公开发行的公司债券根据《公司法》和《证券法》的有关规定在证券交易场所挂牌交易。目前,我国公司债券上市交易的主要场所是证券交易所。公司债券在交易所的交易应当采用公开的集中竞价方式,遵循价格优先、时间优先的原则。

（一）公司债上市的条件

公司债能够上市也必须具备一定的上市条件,根据我国《证券法》第 57 条的有关规定,公司债券上市交易必须具备以下几个条件。

(1)公司债券上市的期限为 1 年以上。

(2)公司债券所发行的数额应该在五千万元以上。

(3)公司债券上市应符合我国公司债券的发行要求。

（二）公司债上市的程序

根据我国《证券法》第 48 条的有关规定,公司债券需要上市交易必须进行申请,公司需要向我国的证券交易所进行申请,提供法律必需的一些文件,由我国的证券交易所进行严格的审核同意后,才可以由双方签订合法的上市协议。

在申请时,所需要提供的文件主要有以下几个方面。

(1)需要提供上市报告书。

(2)需要提供公司的章程。

(3)所申请公司债券上市的公司的董事会决议文件。

(4)有效期内公司的营业执照。

（5）公司债券的募集办法。

（6）公司债券发行的数额。

（7）证券交易所上市中所需要的其他文件。

申请可转换公司债券的上市申请文件中，还必须包括保荐人的上市保荐书。

公司债券经过申请、审核，同意后，双方公司应该在法律规定的有效期内签订上市协议书，并且把有关的上市的文件提供给指定的公共场所供公众浏览。

（三）公司债上市的暂停及终止

公司债券上市后，如果公司有以下几种行为的话，证券交易所有权暂停公司债券的上市交易，这些行为包括以下几个方面。

（1）公司具有严重的违法行为。

（2）公司的内部发生重要的变化导致不符合公司债券上市的要求。

（3）公司发行债券后所筹到的资金不是按照证券交易所所核准的用途进行使用。

（4）公司两年内连续亏损。

（5）没有按照公司债券的募集办法履行相应的义务。

公司债券上市后，如果公司有以下几种行为的话，证券交易所有权终止公司债券的上市交易，这些行为包括以下几个方面。

（1）公司已经破产或者解散。

（2）公司的内部发生重要的变化导致不符合公司债券上市的要求，而且在期限内无法解决。

（3）公司发行债券后所筹到的资金不是按照证券交易所所核准的用途进行使用，而且在期限内无法解决。

（4）公司两年内连续亏损，而且在期限内无法解决。

（5）公司有严重的违法行为或者没有按照法律的规定履行义务，并且经查实后情节严重的。

公司对于证券交易所所做出的不准上市、暂停上市、终止上市的决定,如果有不服可以直接向证券交易所设的复核机构进行申请复核。

三、公司债券的偿还

（一）公司债券偿还的概念

公司债券的偿还,是指债券发行公司按照事先约定的期限和利率,向债券持有人履行还本付息义务的行为。公司债券的到期偿还,是消灭公司债券的基本形式,在内容上包括还本和付息两个部分。对于投资者而言,公司债券的偿还是投资者实现投资收益的形式,具有经济上的意义。从法律意义上讲,对于发行公司而言,其偿还由自己发行的公司债券,则意味着由公司债券发行所引起的法律关系消灭。到期偿还公司债券本息是公司债消灭的最基本形式。除此之外,由公司债券表彰的债权债务法律关系,与其他公司债务一样,也会因提存、抵销、混同及免除等原因而消灭。

（二）公司债券偿还的方式

根据偿还的时间和次数的不同,公司债的偿还方式有一次全部偿还、分批分期偿还以及提前偿还之分。

1. 一次性到期全部偿还

一次性到期全部偿还,是指公司在公司债券期限届满时,按照约定的利息率,一次性偿还该次发行公司债券的全部资金和相应的利息。实践中多采用这种偿还方式。

2. 分批分期偿还

分批分期偿还,是指公司按照事先约定的日期和利息率,分次分批逐步向债券持有人偿还本金和利息的方式,这种方式一般都需要在债券发行时预先约定。具体包括两种情形：一是发行公司先按照规定的偿还日期和利息率向公司债券持有人支付利息，然后在规定的偿还本金期限内，根据债券发行时规定的办法进行，或采用分批抽签，或按债券号码的顺序还本，直到本金全部归还。二是发行公司先按照规定的日期和利息率向债券持有人支付利息，到规定的偿还本金期限届满时，再向债券持有人归还全部本金。

3. 提前偿还

如果在债券发行时有事先约定，公司也可以提前偿还债券。但是，债券的提前偿还对于投资者不一定是一件有利可图的事情。因此，一般情况下不允许提前偿还。提前偿还方式主要有以下几类。

（1）提前从公开证券市场买回债券注销

公开上市的债券，公司可以依据债券市场价格和利率的变动，通过提前在债券市场买回债券来合理地调度资金，获取利益。当债券的市价下跌到一定程度，公司可根据自身财务状况，从公开的证券市场上提前购回发行在外的债券予以注销，来偿还该部分债券的本息，以减轻负债。发行公司买回自己的债券，不仅可以达到注销债券、偿还债券的目的，还可以抬高债券市场价格，间接地起到支撑公司股票市场价格、维护公司形象的作用。

（2）向债券持有人赎回债券，即行使赎回权

赎回权主要是指在债券合同中规定了债券到期前，发行公司可以购回所有或者部分的债券的一种权利。在公司债券到期之前，发行公司行使赎回权其本质是行使了一种期权，这样更加有利于公司对债务的重新规划。

（3）举借新债偿还旧债

如果通过发行债券对公司经营和发展有利，且有长期利用外借资金补充公司发展资金的需求和打算，公司可以发行新债券，以偿还旧债券。举借新债还旧债可以通过直接交换、直接用新债

券换回旧债券或用现金偿还等具体方式进行。

（三）公司债券偿还的期限

由于公司债券一般都是到期偿还，所以，公司债券的偿还期限与公司债的期限有关。一般情况下，公司债券的期限在发行时即已经确定，公司债券应到期偿还，公司不得违反债券持有人的意思随时偿还，公司债券持有人也不得要求公司随时偿还。我国《公司法》没有对公司债券的偿还期限做出明确规定。但是，《公司债券发行试点办法》第 2 条第 2 款规定，"本办法所称公司债券，是指公司依照法定程序发行、约定在 1 年以上期限内还本付息的有价证券。"所以，一般情况下公司债券偿还的期限为 1 年以上。另外，《可转换公司债券管理暂行办法》对可转换公司债券规定了 3～5 年的偿还期限。

第四节　可转换公司债券

一、可转换公司债券的特征

可转换公司债具有公司债的基本特征，但自身的法律特性明显。

（一）较强的投机性

可转换公司债的发行价格较高，但票面利率通常比普通公司债券低，也低于银行贷款利率，且持有人要在一定年限（少则三五年多则十几年）后才能实现转换。从投资者的角度分析，投资动因着眼于今后的转股套利而不是债券的票面利率。对发行公司而言，发展前景被预期越高，可转换债券的票面利率就可能越低，尤其对那些极具发展潜力、高成长的公司而言，发行可转换公司债券是一种低成本的融资方式。在发行公司有良好的经营业绩或者股票市场价格上涨时,投资者通过换股或者直接出售债券可以获得高额的资本利得,但在公司经营不善、股票的市场价格低落时,投资收益远不及普通公司债。可见,可转换公司债市场的投机性远高于普通公司债。

（二）较高的风险性

公司发行可转换公司债的最终目的是实现股权融资,增加股权资本,降低公司负债,从而使公司将来获得改善财务结构的机遇,降低财务风险。但是,发行可转换公司债也加大了发行公司的财务风险。衡量可转换公司债发行成功与否的标志之一,就是可转换公司债到期的转股比例,而转股比例的高低主要取决于发行公司经营业绩的成长性。发行公司经营业绩越好,转股比例就越高,还本付息的压力就越小,锦上添花;反之,在发行公司经营不良,急需周转资金的时候,转股比例反而很低,发行公司承担到期还本付息的压力反而愈大,无异于雪上加霜。对于发行公司而言,可转换公司债是一把"双刃剑",高经济效益与高财务风险并存。

（三）主体的限定性

在国外公司法上,可转换公司债的发行主体一般限于股份公司,有的还有进一步的限定。在我国,《公司法》第36条、第98条规定,普通公司债券的发行主体是所有符合条件的公司;但第161条规定,可转换公司债的发行主体限于上市公司。

（四）利益结构的复合性

可转换公司债券具有债权性证券与权益性证券的双重性质。持有人享有将债券转换为发行公司股票的选择权,即股票的买入期权;可转换公司债券发行合同往往约定有关可转换公司债券的赎回、回售内容,这也属于期权性质的内容;一旦持有人行使转换权,其与发行公司的法律关系性质随之变化,持有人由债权人成为股东。可转换公司债同时涉及了三种权利,即债权、股权和期权,涉及债券持有人、发行公司、股东等不同利益主体的利益平衡,是一种具有复杂利益结构的复合型证券(hybrid securities),或称为权益证券。

（五）法律规制的严格性

可转换公司债券的发行、交易与转换,关涉债券与股票两个证券市场,受到比普通公司债券更严格的法律规制。

二、可转换公司债券的发行

（一）发行条件

上市公司发行可转换公司债券除了应该符合我国《公司法》、《证券法》等一些法律有关公开发行证券的一般规定外,还应该符合以下几个条件。

（1）公司近三年的会计年度加权平均净资产的收益率一般不能低于百分之六。

（2）公司近三年的会计年度应实现年平均可分配的利润不能少于公司债券所发行的一年的利息。

（3）公司发行的本次公司债券的余额不能超过最近一期的净资产总额度的百分之四十。

如果上市公司有以下几种行为,就不能发行可转换公司债券,这些行为如下。

（1）公司前一次所发行的公司债券没有募集完成。

（2）公司已经发行的公司债券存在延迟付息的情况,并且这样的情况没有得到解决。

（3）公司公开发行的公司债券所募集到的资金没有按照核准的用途进行使用。

（二）发行主体

可转换公司债券作为一种特殊公司债券,法律对其发行主体有特殊规定。根据我国《公司法》第 161 条、《上市公司证券发行管理办法》第 2 条及第 14 条的规定可知,上市公司经批准可成为可转换公司债券的发行主体。

根据我国《公司法》第 120 条的规定,上市公司是指其股票在证券交易所上市交易的股份有限公司。已经成立且已上市的股份有限公司,在具备法定条件的情况下,经核准可以发行可转换公司债券,核准部门为国务院证券监督管理机构。一般的有限责任公司、非上市的股份有限公司虽能依我国《公司法》《证券法》的规定发行一般的公司债券,却因不能公开发行股票,债券无法向股票转换而不具备发行可转换公司债券的主体资格。

（三）发行程序

1. 股东大会决议

公司发行可转换债券之前,需要公司召开股东大会对公开发行可转换公司债券进行决议,决议中应该包括以下几方面的内容。

(1)应该确定可转换公司债券的利率。

(2)发行可转换公司债券的期限。

(3)债券的担保事项。

(4)回售的有关条款。

(5)可转换公司债券的还本付息的方式和期限。

(6)转股的价格。

(7)转股的期限。

(8)其他的有关事项。

2. 向国务院证券监督管理机构提出发行申请

发行可转换公司债券,必须依照《公司法》《证券法》《上市公司证券发行管理办法》等规定报经批准。未经批准的,不得发行可转换公司债券。

中国证监会应该按照法律规定的程序进行审核公司所提出的发行证券的申请,主要包括以下四个方面。

(1)在收到申请文件后的五个工作日内决定是否受理。

(2)确定受理后,对申请的文件进行初审。

(3)初审后,由发行审核委员会审核申请文件。

(4)最后做出核准或者不予核准的决定。

3. 公告可转换公司债券募集说明书

上市公司在公开发行可转换公司债券前的 2～5 个工作日内,应当将经中国证监会核准的募集说明书摘要或者募集意向书摘要刊登在至少一种中国证监会指定的报刊上,同时将其全文刊登在中国证监会指定的互联网网站上,置备于中国证监会指定的场所,供公众查阅。

4. 证券公司承销发售可转换公司债券

与发行人签订有承销协议的证券公司,按募集说明书中规定的发行起止日期发售可转换公司债券。可转换公司债券募集说明书的有效期为 6 个月。自中国证监会核准发行之日起,上市公司应在 6 个月内发行;超过 6 个月未发行的,核准文件失效,须重新经中国证监会核准后方可发行。

发行人和证券公司应当在可转换公司债券承销期满后 15 个工作日内,向中国证监会提交承销情况的书面报告。

三、可转换公司债券的转换及偿还

(一)可转换公司债券的转换

我国《公司法》第 162 条规定:"发行可转换为股票的公司债

券的,公司应当按照其转换办法向债券持有人换发股票,但债券持有人对转换股票或者不转换股票有选择权。"按照这一规定,当可转换公司债券持有人要求将公司债券转换为股票时,只要符合转换条件,公司就必须按其公告的转换办法为持券人换发股票。如果持券人不愿将债券转换为股票,公司不得强迫其转换,只能到期还本付息。

按照《上市公司证券发行管理办法》第 21 条的规定,可转换公司债券自发行结束之日起 6 个月后方可转换为公司股票,转股期限由公司根据可转换公司债券的存续期限及公司财务状况确定。债券持有人对转换股票或者不转换股票有选择权,并于转股的次日成为发行公司的股东。

根据《上市公司证券发行管理办法》第 22 条的规定,转股价格应不低于募集说明书公告日前 20 个交易日该公司股票交易均价和前一交易日的均价。

(二)可转换公司债券的偿还

可转换公司债券应每半年或一年付息一次,计息起始日为可转换公司债券发行首日;到期后 5 个工作日内应偿还还未转股债券的本金及最后一期的利息。具体付息时间、计息规则等应由发行人约定。

当可转换公司债券持有人请求转换为股票时,对其所持债券面额不足转换一股股份的部分,发行人应当以现金偿还。

四、可转换公司债券发行人的法定义务

(一)及时公布转股情况

发行人应当在每一季度结束后的 2 个工作日内,向社会公布因可转换公司债券转换为股份所引起的股份变动情况,转换为股份累计达到公司发行在外普通股的 10% 时,发行人应当及时将有

关情况予以公告。

（二）依法办理注册资本变更登记

因可转换公司债券转换为股份引起股份变动的，发行人应当根据有关法律、行政法规的规定，于每年年检期间，向工商行政管理部门申请办理注册资本变更登记。

（三）及时调整并公布转股价格

可转换公司债券发行后，因发行新股、送股及其他原因引起公司股份产生变动的，发行人应当及时调整转股价格，并向社会公布。

第五节　公司债券持有人的权益保护

一、公司债债权人的特殊性

就公司债债权人整体来说，是一类特殊的债权人，具有特殊的地位。其地位既不同于公司一般债权人，也不同于公司股东，在一定意义上可以说，大体上介于一般债权人与股东之间。这种特殊性，主要表现在以下三个方面。

（一）公司债债权人具有利益上的一致性

从公司债发行和募集的具体过程来看，应该说，在实际上，是由各认购人分别与发债公司成立债权债务关系，并由此而成为公司债债权人的。但就各个公司债债权人来说，则有着共同的债务人即发债公司，并且就同一的公司债适用同一的偿还期限、偿还方式及利率，享有同等的权利。因而，各公司债债权人有着共同的利害关系。尽管各公司债债权人并非有意识地站在同一立场上,但客观上存在的利益上的一致性,使得公司债债权人能够共同关注公司的重大举措和特别变故,共同对公司施加一定程度的影响。

（二）公司债债权人具有松散的团体性

利益上的一致性,使全体公司债债权人能够形成类似于股东的利益共同体。但公司债债权人的团体性,与股东的团体性相比,则相对地比较松散,且在很大程度上具有临时性。在通常情况下,只要发债公司能够正常地履行债务,偿还本金、支付利息,则无须任何团体性活动,仅在发债公司有怠于偿还本金或者怠于支付利息等特别情况时,才有发挥团体性作用的临时需要。

（三）公司债债权人具有行为上的统一性

公司债债权人通常均为一般社会大众,且每一公司债债权人各自的利益相对于公司债总体来说,则显得相当微小。在这种情况下,在对发债公司行使权利或者为其他行为时,例如为取得偿还而提起诉讼、申请发债公司破产等,如果按照一般原则,由公司债债权人个别进行,则可能发生一定的困难,使其权利不能获得充分的保护。因而,公司债债权人就需要有统一的行为,由一部分公司债债权人作为代表,为全体公司债债权人的共同利益而为一定行为,而其结果也当然及于所有公司债债权人。

二、公司债券持有人的权利

公司债债权人对债务人——发行公司的主权利,集中体现在利息支付请求权与本金偿还请求权。关于利率、利息支付方法及期限,以及本金偿还的方法及期限,均依公司债发行合同确定。这是公司债债权人享有的主权利。此外,公司债债权人还享有一些特殊的权利,如可转换公司债债权人的转换选择权。

与公司债债权人的主权利相对应,债务人——发行公司的主给付义务就是偿还公司债。发行公司按照发行合同约定的时间、利率等条件,将公司债券的本息交付给公司债债权人,公司债债权人实现了投资收益,公司债归于消灭。

公司债的偿还期限由发行合同确定。在正常情况下,公司债应当到期偿还,只在特殊情况下允许有条件地提前偿还。如法国《商事公司法》第 323 条规定,"发行合同没有特别规定的,公司不得强求公司债债权人接受提前偿还公司债"。因为提前偿还对于投资者并不一定有利,所以需要发行合同特别约定或者经过双方当事人协商一致,否则,发行公司提前偿还公司债构成违约,债券持有人可以拒绝其提前偿还。对此,我国《合同法》第 71 条有规定。

三、公司债债权人的保护措施

(一)设置公司债券受托管理人

在国外的有关公司立法上,明确规定发债公司应当委托具备一定资格的公司作为公司债管理人,为公司债债权人承担有关公司债的若干管理事务。例如,日本《商法》第 297 条明确规定,发债公司有义务委托银行等作为"公司债管理公司",为公司债债权人代理受领清偿、债权保全及其他有关公司债的事务。在通常情况下,仅限于银行、信托公司或者其他经许可从事信托业务的金融机构,才能作为公司债管理人,承担相应的管理任务。

在我国,根据《公司债券发行试点办法》的规定,发债公司应当为债券持有人亦即公司债债权人聘请债券受托管理人,并订立债券受托管理协议;在债券存续期限内,由债券受托管理人依照协议的约定,维护债券持有人的利益。公司债券受托管理人由本次发行的保荐人或者其他经中国证监会认可的机构担任,通常为证券公司或者金融公司。由发债公司为公司债债权人聘请债权受托管理人,其目的在于委托公司债券受托管理人,为公司债权人行使管理权限,因而,发债公司与公司债券受托人之间的契约,实际上是"为第三人利益的契约"。

受托管理人主要的权限有以下几方面。

(1)受托管理人应该关注发行债券的公司和保证人的资信情况,如果出现有可能损害公司债券持有人的利益的事情,受托管理人可以召集公司债券持有人召开会议。

(2)公司为债券发行设定了担保的,受托管理人可以得到并管理好相应的证明文件。

(3)在公司债券发行期限,可以处理由公司债券持有人与发行公司之间的谈判或者是诉讼。

(4)受托管理人在管理中预计发行公司不能偿还债务的时候,可以要求公司提供相应的担保,或者可以按照规律的规定进行采取财产保全措施。

(5)如果发行公司不能偿还债务时,受托管理人可以参与公司的整顿、重组或者破产的法律程序。

(6)按照受托管理的协议履行其他的重要义务。

公司债券受托管理人应该是对全体债券持有人都是以公平、公正、诚实为原则进行管理,如果公司债券受托管理人没有按照规定履行自己的义务导致债券持有人的利益受到损害的,应当承担法律的责任。

(二)设置公司债券持有人会议

在国外的有关公司立法上,也明确规定了有关公司债债权人会议设置的事项,我国公司法目前尚无相关规定。公司债券持有人会议主要是指由全体公司债券持有人组成,召开的临时会议,主要是对公司债券持有人的重大利益关系所进行商议,最后根据公司债券持有人的综合意见所做出最后的决定的一种机构。通过设置公司债券持有人会议,可以维护公司债券持有人的合法权利和共同利益。通过这种设置,可以共同解决公司债券持有人与发行公司之间的冲突和矛盾,最大程度的来保护全体公司债券持有人的利益。

公司债券持有人会议可以在发生以下几种情况下，进行会议的召开。

(1)公司债券受托管理人发生了改变。

(2)公司发生了减资、分立、并购、解散或者申请破产。

(3)公司不能按照协议的规定进行本息支付。

(4)债券募集说明书发生改变。

(5)公司的担保人或者担保物发生了重大的改变。

(6)发生了对债券持有人利益有重大影响的事项。

在公司债券持有人会议中，可以对发生的事情进行商议，最终做出正确的决议。

公司债券持有人会议的召集人，通常为公司债券受托管理人或者发债公司，此外，持有公司债超过一定比例的公司债券持有人，例如，单独或者合并持有公司债券总额（或者表决权）十分之一以上的公司债券持有人，也可以请求发债公司、公司债管理人或者单独召集公司债券持有人会议。

《公司债权发行试点办法》规定，公司债券每张面额为人民币100元，这应当是公司债的最小单位。就一般而言，在公司债券持有人会议上，各公司债券持有人应当按公司债的每一最小单位，享有一个表决权。在通常情况下，对于一般性问题的决议，由代表公司债券持有人表决权过半数的公债券持有人表决通过；对于公司债的延期偿还、免除不履行的责任、提起诉讼等重大问题的决议，也可以约定由代表公司债券持有人表决权三分之二以上的公司债券持有人表决通过。公司债券持有人会议决议的效力，及于全体公司债券持有人。

第五章 公司治理的司法研究

公司治理泛指公司管理层对股东和利益相关者负责的一系列的制度安排和商业实践。公司治理乃公司命运之所系。公司治理水平的高低直接关系到股东的投资价值,关系到公司的竞争力,更关系到民族经济的竞争力。

第一节 公司治理概述

一、公司治理的概念

公司治理,又称为公司治理结构。在法学上,从制度功能的角度,公司治理的概念有广、狭义之分。狭义的公司治理仅仅解决因"两权"分离而产生的代理问题,也即调整股东与管理层之间的委托代理问题;广义的公司治理解决公司诸利益相关者之间的利益冲突,调整股东、管理层、债权人、雇员等相互之间的利益关系。

在法学上,从制度构成的角度,公司治理的概念也有广、狭义之分。广义的公司治理包括内部治理与外部治理,狭义的公司治理仅指前者。内部治理,是关于公司内部组织机构的制度安排,在我国由股东会(包括股东大会,下同)、董事会、监事会和经理构成,其中,股东会是权力机构,董事会是执行机构,经理是执行辅助机构,监事会是监督机构。这些组织机构以公司股东与管理层的委托—代理关系为基础,分权制衡,共同构成公司内部治理。外部治理,是公司的投资者(股东、债权人等)通过外部市场对管理层进行控制,以确保投资者收益的非正式制度安排。外部市场包括产品/要素市场、经理市场、金融/资本市场、并购/控制权市场等。①

二、制度构成

(一)公司内部治理

1. 内部治理的内涵

内部治理的实质,是在"两权"分离的框架下为保障股东的利益,就公司控制权在股东与管理层之间的分配所达成的制度安排。在公司运营期间,股东是公司的唯一、终极所有者,对公司资产拥有剩余控制权(residual control)与剩余索取权(residual claims)。相应地,股东会作为权力机构掌控重大经营决策权。但由于股权的分散,股东通过股东会行使权力的成本很高,必须不同程度地将经营管理权委托给董事会行使,董事会再转委托给以经理为首的高级管理人员(以下简称高管),股东还委托监事监督董事、高管。这样在内部治理中,股东与董事会之间、股东与监事会之间、董事会与经理之间、经理与其他高管之间存在层层的委托代理关系。

从名义上来说,委托人是委托—代理关系的授权方,处于主动地位,但在实际的权力运行中,越处于委托—代理关系末端,越有机会行使剩余控制权,扩张自己的权力,故以经理为首的高管层实际拥有的权力远大于公司法设定的"纸面上"的权力。所以,还必须依赖外部治理机制发挥对高管的激励与约束功能。

---

① 梅慎实. 现代公司机关权力构造论[M]. 北京:中国政法大学出版社,2000,第165页

2. 内部治理与公司组织机构

内部治理与公司组织机构密不可分。实际上,组织机构就是公司内部治理的组织形式与器物基础。判断一个公司内部治理是否良好的基本标准,就是组织机构的设置以及各机构之间的关系状况。公司内部治理以分权为前提,以制衡为手段,以效率与公平为目的,这一切都依托组织机构才得以实现。可以说,组织机构在公司内部治理中处于核心位置。在公司法理论上,有时候直接依据公司组织机构的设置将公司治理区分为不同的模式,正体现了组织机构的核心地位。

现代公司组织机构的设置、权限和职责均由公司法规定,这种规定带有明显的强制性,尽管每一家公司都有一定的自主权,但无论如何不可能回复到完全自由的古典企业状态。从发展的角度看,对于公司组织机构随着社会发展而进行的渐进式演变,公司治理理论在背后起到重要的推动作用。而有关公司内部治理的任何制度创新,均涉及对组织机构的改造。

(二)公司外部治理

理论界关于外部治理的外延存在争议,一般认为包括以下市场及其机制。[①]

1. 经理市场

竞争的经理市场意味着公司高管能够在不同企业以及同一企业的不同岗位自由流动,并由市场决定其薪酬。在市场竞争中被证明德才兼备者,就会提升其人力资本价值,反之,就会降低其人力资本价值,甚至会被替代乃至失业。高管所经营企业的业绩好坏决定了他们在经理市场上的价值与就业机会,这会促使高管与股东的利益趋于一致,从而使得高管与股东之间激励相容,有

[①] 李建伟. 公司制度,公司治理与公司管理[M]. 北京:人民法院出版社,2005,第55~56页

利于解决代理成本问题。

2. 产品/要素市场

在市场经济条件下存在开放的竞争的产品/要素市场,不同的产品和要素在由各自的稀缺程度决定的市场价格的引导下,在不同的企业之间自由流动,这样,各个企业的利润水平会成为一个能够反映企业经营状况的充分信息。这一信息可以用于判断管理层是否称职和尽职尽责。可见,充分竞争的产品和要素市场的存在,有助于克服"两权"分离下的信息不对称,从而为解决代理成本问题提供可靠的信息支持。

3. 资本/金融市场

竞争的资本市场的治理意义在于,通过股价的变动对企业的高管提供一个外部压力,同时使得代理权市场争夺战成为可能。金融市场为公司提供了选择融资结构的机会。如果一个公司选择了负债,由于企业不得不偿还债务,这就对高管的无效率形成了限制;当企业经营不善而进入破产程序时,债权人就会取代股东取得公司剩余控制权与剩余索取权,高管将会失去职位且其人力资本价值贬损。在此意义上,公司所有权只是一种状态依存所有权(state-contingent ownership),股东只不过是"正常状态下的公司所有者",在其他不同的状态或阶段,债权人、雇员等都要承担公司的风险,都可能是公司剩余控制权与剩余索取权的享有者。也正是所有权的这一依存性才使得投资者(股东、债权人等)都有参与公司治理的动机和能力。

4. 并购/控制权市场

竞争的并购和控制权市场的治理意义在于为敌意接管这种治理机制提供了可能。公司控制权市场是不同的利益主体通过资本市场对公司发起敌意接管行为,以获得对公司的控制权而相互竞争的市场。与其他治理机制相比。敌意接管在理论上说是约束管理层更为有力的机制,因为它允许那些发现公司经营业绩表现不足的人有机会接管公司,并撤换管理层。

（三）内、外部治理的关系

从内部治理的角度,现代公司的代理问题不能完全依靠内部治理来解决,必须同时依赖通过市场的外部治理。从结构上看,外部治理与内部治理在逻辑层次上是不一样的。外部治理是处于主动地位的,而内部治理是以外部治理为条件的,是外部治理的内生性制度安排。缺少了外部治理所提供的市场压力机制以及充分信息,内部治理的功能发挥会严重受损。某种意义上,判断内部治理是否有效,要以其是否适应外部治理为标准,即内部治理只有在适应外部治理的条件下才能有效率。这一关系原理对我国的现实意义在于,公司治理的制度建设,要重视公司外部治理环境的改善,并在此过程中不断探寻与外部治理条件相适应的内部治理结构与机制。

从外部治理的角度,由于管理层与股东之间权、责、利的不对称,通过市场的外部治理机制对管理层的监督与治理属于一种事后机制,仅有外部治理不足以避免管理层的机会主义行为与道德风险,必须要有一个内部治理机制作为基础,来进行事前的监督和治理。

公司治理制度体系包括内部治理和外部治理两个组成部分。公司治理的制度构成,如图 5-1 所示。

三、公司治理的主要问题

公司治理乃全球化难题。美国的安然、世通等公司治理丑闻不仅暴露出上市公司管理层"小鬼当家"的内部人控制问题（如某些 CEO 的狂妄、过于自信和贪婪）,也凸现了审计委员会（Audit Committee）、律师（Attorney）和会计师（Accountant）的诚信问题。我国公司治理水平普遍不高,国际公认的诚实性、透明性、问责性原则在公司治理实践中难以落实。就上市公司而言,我国的公司治理问题主要表现为一股独霸下的内部人控制、公司高管激励机制与约束机制同时疲软、信息披露不透明以及中小股东权益保护方面的制度缺陷。

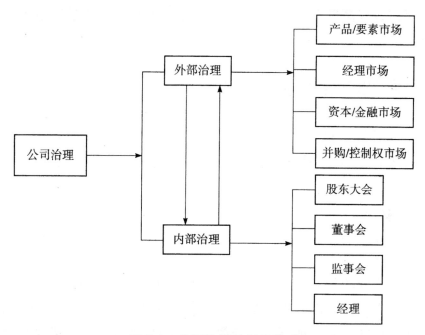

图 5-1 公司治理的制度构成

中美上市公司治理实践中虽然都存在着内部人控制问题,但问题成因不同:美国上市公司的内部人控制问题主要源于股权结构的高度分散,“山中无老虎,猴子称大王”。而我国的内部人控制问题主要源于股权结构的高度集中,一股独大的股权结构致使我国的内部人控制具有“狐假虎威”的特色。无论是股权结构的高度分散,还是股权结构的高度集中,都会滋生内部人控制现象。我国上市公司的股权分置改革顺利完成、全面进入全流通时代后,依然会出现美国式的内部人控制现象。因此,正视、疏导和化解内部人控制现象,化消极因素为积极因素,是我国公司治理的长期课题。

闭锁型公司(包括有限责任公司与非上市股份有限公司)也存在着公司治理问题。由于闭锁型公司的股东人数较少,大股东身份与董事长、总经理身份往往合而为一,加之股权转让流通性较弱,小股东往往缺乏出让股权的机会,导致控制股东容易滥用控制地位侵害小股东参与公司治理的权利(包括控制权与分红权)。家族公司尤其是父子公司、夫妻公司、兄弟公司还存在着经营权与股权高度合一、家族成员兼任公司高管、人存政举、人亡政息的现象。

四、公司治理与公司组织

公司组织机构制度的建立与维护是公司治理的核心内容。因而两者之间也就有着密不可分的联系,其相互关系具体表现为:

公司要想取得法人资格,就要建立公司组织机构。好比一部机器的运转,如果想要机器顺利运转,则必然离不开各个零件部位的协调运作。同样,公司内部事务的处理也需要公司内部各组织机构之间的相互协作,外部事务的处理需要公司的代表机关,只有将内外两个部分结合起来,才能更好地治理公司。我国《公司法》第23条第4项、第77条第5项分别规定,设立有限责任公司和股份有限公司必须建立符合有限责任公司和股份有限公司要求的组织机构。

公司组织机构的设置及其基本权限和职责分配由公司法直接规定。公司法关于公司组织机构设置及其基本权限和职责的规定多具强制性,是公司存在和运行的基本标准。

公司组织机构的设置及其权限和职责的规定体现了公司治理分权的基本前提。要保证公司运营的高效,最终实现股东的最大利益,就必须保证公司组织机构相互之间的权力制约。尽管世界各国有关公司组织机构的设置不尽相同,但分权制衡却是公司组织机构设置的重要原则之一。

公司治理直接表现为在法律许可的框架内对公司组织机构的改革创新。公司实践活动的不断发展变化促进了公司治理理论的发展。公司治理理论及实践的所有发展都是通过公司组织机构的改革创新实现的。以强化公司监管为例,英美法系国家通过设立独立董事并加大其职权和人数来实现对公司的监管,大陆法系在赋予专门的监督机构监督权的同时,还借鉴了英美法系国家的独立董事制度。我国公司组织机构中设置有专门行使监督权的监事会或监事,但《公司法》第123条还规定:"上市公司设独立董事,具体办法由国务院规定。"

第二节　股东会制度

股东会,是指依照《公司法》和公司章程的规定设立的,由全体股东共同组成的,对公司经营管理和各种涉及公司及股东利益的事项拥有最高决策权的机构。

一、股东会的概念和地位

股东会,亦称为公司的意思决定机关,是指依法由股东组成的、依照法定的方式和程序议决公司法或公司章程规定的重大事项的公司权力机构。它是公司的最高权力机关。有限责任公司称为股东会,股份有限公司称为股东大会。我国《公司法》第37条明确规定:"有限责任公司股东会由全体股东组成。股东会是公司的权力机构,依照本法行使职权。"同法第99条规定:"股份有限公司股东大会由全体股东组成。股东大会是公司的权力机构,依照本法行使职权。"有限责任公司股东会具有以下地位:①股东会是有限责任公司的最高权力机构;②股东会是有限责任公司必须设立的公司组织机构。

二、股东会的种类

有限责任公司股东会分为定期会议(普通会议)和临时会议

（特别会议）。定期会议是依照公司章程规定按时召开的股东会。董事会一般要在定期会议上向股东报告公司经营整体情况，并就预算和决算进行说明。通过定期会议，股东对董事会或执行董事的经营业绩将有一个基本的评价。有限责任公司可在公司章程中规定定期会议的时间，一旦章程规定了定期会议的时间，董事会即应在章程规定的时间召集股东会。

定期会议以外的股东会为临时股东会。董事会可根据公司经营情况，召集临时股东会。代表十分之一以上表决权的股东，三分之一以上的董事，监事会或者不设监事会的公司的监事提议召开临时会议的，应当召开临时会议。公司章程也可规定应当召集临时股东会的其他情形，一旦出现这些情形，董事会应召集临时股东会。

下面我们用图来表示股东会的类型，如图 5-2 所示。

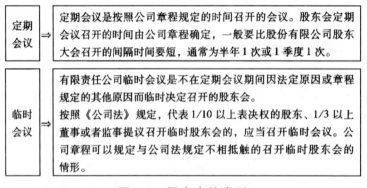

图 5-2　股东会的类型

三、股东会的基本内容

（一）股东会由全体股东共同组成

由于有限责任公司的人合性，所有的股东对于公司的经营而言都具有重要的意义，股东会决定公司重大问题时，参与决策的是全体股东而不仅仅是出席股东会的股东。这是股东会和股东大会的主要区别之一在有明显的合资性特征的股份有限公司,很多投资者可能更愿意用投票的方式来行使表决权,而非是直接通过参与公司决策的方式来行使权利,所以公司的重大问题由出席或者委托他人出席股东大会的股东依照法定程序来决定。

(二)股东会是公司的权力机构

公司的一切重大决策必须依照法律规定,由股东会按照多数决的原则做出决议。虽然目前学术界关于公司是谁的利益代表的问题有不同的观点,但通说认为公司是为股东的利益服务的。然而,由于股东之间也存在利益上的冲突,股东也需要通过股东会这一会议形式来集中表达他们作为一个整体的意志,在这个意义上来说,股东会是有限责任公司的意识机关。另外,作为权力机构,股东会、执行机构(即董事会)、监督机构(即监事会)相对应,三者组成了公司的组织机构。股东会具有任免和监督公司其他机构组成人员等一系列的权力。但是,股东会也并非能够对公司所有主要决策大权独揽,各国及各地区公司法对股东会与董事会等其他机构的职权进行了不同的分配,股东会亦需要在法定范围内行使职权。

(三)股东会是公司依法设立的组织机构

有限责任公司和股份有限公司应分别设立股东会和股东大会,依法行使法律规定的职权。但是,法律另有规定除外。根据我国《公司法》第二章第三、四节规定,一人有限责任公司、国有独资公司和外商投资的有限责任公司可不设股东会一人有限责任公司的股东会职责由股东行使;国有独资公司的股东会职责由国有资产监督管理机构行使;外商投资设立的有限责任公司只设监事会,由监事会代行股东会的权利。

(四)股东会必须行使的职权

(1)决定公司的经营方针和投资计划。这是为了保证公司的经营符合股东的预期,对董事会的行为进行一定的限制。

(2)选举和更换非职工代表担任的董事、监事,决定有关董事、监事的报酬事项。职工代表担任的董事、监事在一定意义上代表职工的利益行使权,代表职工的利益行使职权,自然应当由职工民主选举产生和更换,而非由股东会选举和更换。

(3)审议批准董事会的报告。这是股东会行使监督权的重要形式。

(4)审议批准监事会或者监事的报告。这一规定与《公司法》关于监事会及监事的设立是一致的。依本法第52条的规定,有限责任公司设立监事会,其成员不得少于3人。股东人数较少和规模较小的有限责任公司,可以设1~2名监事,而不设监事会。

(5)审议批准公司的年度财务预算方案、决算方案。

(6)审议批准公司的利润分配方案和弥补亏损方案。利润分配和亏损弥补方案直接涉及股东自益权的实现,虽然利润分配方案由董事会制订,但其最终的决策权应该归股东会行使。

(7)对公司增加或者减少注册资本做出决议。

(8)对发行公司债券做出决议。公司债券的发行对于公司的经营运行也具有十分重要的影响,股东作为公司的运营的最终受益人,应对债券发行的问题享有决定权,所以法律明确规定由股东会对发行债券做出决议。

(9)对公司合并、分立、解散、清算或者变更公司形式做出决议。法律规定这些问题的决定权归股东会行使,都是为了保证股东的期待和利益能够实现。

(10)修改公司章程。公司章程是公司的自治宪章,对于公司的运营意义重大。所以其修改也应该由公司的权力机构——股东会来进行。

(11)公司章程的其他职权。这是《公司法》在2005年修改时增加的内容。

四、股东会的召集

（一）召集人

无论是普通会议还是特别会议，召集人原则上为董事会。凡董事以个人名义召集股东会为非法。有些国家的公司法还规定，除董事会外，监事会也可行使股东会的召集权。

在我国的公司实践中，因种种原因，经常存在着股东会会议无法召开的情形。为杜绝此类现象的发生，我国公司法在修订时做出了十分严密的规定。

《公司法》第 39 条、第 41 条规定，有限责任公司的首次股东会会议由出资最多的股东召集和主持。设立董事会的，股东会会议由董事会召集，董事长主持；董事长不能履行职务或者不履行职务的，由副董事长主持；副董事长不能履行职务或者不履行职务的，由半数以上董事共同推举一名董事主持。有限责任公司不设董事会的，股东会会议由执行董事主持。董事会或者执行董事不能履行或者不履行召集股东会会议职责的，由监事会或者不设监事会的公司的监事召集和主持；监事会或者监事不召集和主持的，代表十分之一以上表决权的股东可以自行召集和主持。公司法第 102 条规定，股份有限公司的股东大会由董事会依法负责召集，由董事长主持；董事长不能履行职务或者不履行职务的，由副董事长主持；副董事长不能履行职务或者不履行职务的，由半数以上董事共同推举一名董事主持。董事会不能履行或者不履行召集股东大会会议职责的，监事会应当及时召集和主持；监事会不召集和主持的，连续 90 日以上单独或者合计持有公司 10％以上股份的股东可以自行召集和主持。

（二）召集程序

股东会之召集应以书面形式于会议召开的一定期限之前通

知或通告股东。对于通知期限,各国要求并不完全一致。一般对股份有限公司要求比较严格,有限责任公司则相对宽松。股份有限公司的通知期限一般不迟于会前三周;有限责任公司的通知期限则多为会前一周或两周。而且,在不少国家,如德国和日本,有限责任公司的通知期限还可以依章程缩短,也可不经召集程序而直接开会,只要会议是经全体股东同意或由全体股东参加。

我国《公司法》规定,召开股份有限公司的股东大会会议,应当将会议召开的时间、地点和审议的事项通知各股东;临时股东大会应当于会议召开15日前通知各股东;发行无记名股票的,应当于会议召开前30日公告会议召开的时间、地点和审议事项。由此可见,股份有限公司召集股东大会,根据股东的记名形式对不同的股东采用不同的召集方式。对于有记名的股东,采用直接"通知"的方法,对于无记名的股东则采取"公告"方式。有限责任公司因股东人数较少,召集程序亦相对简单,要求公司在会前15日前通知全体股东。依公司法的有关规定和公司法的一般原理,在"通知"或"公告"中,应载明股东会决议的事项,即召集股东会的事由,以便股东预作准备。

基于股东会议应有一定的代表性,股东会议不能考虑少数人的意见和提议,而应以大多数股东的利益为重,为了防止少数股东集权的现象发生,许多国家的公司法还规定了股东的人数,股东大会的召集必须达到法定的人数方才有效。然在近年来,我国也开始逐渐改变《公司法》没有规定参加股东大会的股东人数这一局面,将股东大会召集人数逐渐纳入法律体系中。虽然这可能是立法者基于效率优先原则有意做出的取舍,但这种选择是否是对效率与公平的最佳平衡值得探讨。

五、股东会的表决

（一）股东会表决权的含义

表决是股东会做出决议的重要方式,股东们通过表决做出决议,以表达他们对公司的意见和要求,参与公司重大事项的决策,实现对公司的控制。表决权(Shareholders voting right)是一项只有处于股东地位的股东才能享有的权利,它针对的是股东会的议案,并对议案做出"赞成"或"否决"的表示。对于公司股东而言,它是一项核心的权利,是公司法予以明确规定并保护的,不会因为公司章程的变更而限制或废止。对于股东作为一个民事主体而言,它又是一项民事权利,当表决权为公司所侵害时,股东可对直接参与此种侵权行为之董事请求损害赔偿。

(二)表决权的分配

《公司法》第43条规定:"股东会会议由股东按照出资比例行使表决权;但是,公司章程另有规定的除外。"即在公司章程未另行规定的情况下,股东按出资比例行使表决权,但该"出资"是指认缴的出资还是实缴的出资,公司法并未明确,公司章程可对此做出明确规定。如果公司章程未明确规定,可依据以往股东会投票的情况来推断全体股东的意思,如果以往股东会决议的表决权是按认缴出资或者实缴出资比例分配的投票权,同时没有股东提出反对意见,则可推定全体股东认可该投票权分配的方法。

公司章程可以就投票权在股东间的分配做出具体规定,例如,具体规定每个股东拥有的投票权数量,或者投票权的比例。投票权的分配直接影响股东对公司的控制力,公司股东可根据具体情况,协商对公司控制权的分配,投票权的规定不必与股东出资比例一致。

(三)表决权的行使

股东的表决权可由本人行使,也可委托其他股东或非股东代为行使。委托他人行使表决权的股东应向受托人出具授权委托书,写明委托股东姓名或名称、出资额、表决权比例、对决议事项投赞成票还是反对票、受托人的姓名,并由委托股东签名。法人股东的法定代表人出席股东会的,应出具法定代表人证明和本人身份证,受他人委托出席股东会的,应出具授权委托书和本人身份证。股东为无行为能力人或者限制行为能力人,可由其法定代理人出席并行使表决权。

六、股东会决议

股东会形成决议,实行多数表决权决定原则,或称资本多数决原则,只要某项议案达到法律规定的形成公司决议的表决权数,公司的决议即形成。各国立法由于讨论的内容不同,因而所决议的事项也不同。这就规定了许多不同的标准,其中有一些有着大同小异的特点。综合起来,可根据不同的决议事项所需多数表决权的不同,将股东大会决议分为普通决议和特别决议。

(一)普通决议

普通决议是指决定公司普通事项采用的、以简单多数即可通过的决议。简单多数是相对于绝对多数而言的,只要出席股东会的股东所持表决权达到股东大会有效召开的法定要求,股东会即可有效召开,表决事项获半数表决权通过就达到了简单多数的要求。对股份有限公司来讲,其普通决议一般须由代表超过法定比例表决权(一般为持有公司过半数表决权)的股东出席会议,以出席会议股东所持表决权过半数以上通过。普通决议决定的事项是法律或章程规定必须以特别决议决定的事项以外的其他事项。根据我国《公司法》第 43 条的规定,如公司章程没另有规定,有限责任公司股东会会议由股东按出资比例行使表决权。我国《公司法》对普通决议应达到怎样的表决权并未明确规定,但根据一般法理及《公司法》第 44 条的规定,有限责任公司的普通决议须经代表二分之一以上表决权通过。我国对股份有限公司股东大会有效召开必须达到的表决权比例没有规定,对股份有限公司股东大会的普通决议,《公司法》规定,须经出席会议的股东所持表决权的半数以上通过。

（二）特别决议

特别决议是指决定公司特别事项采用的、以绝对多数通过的决议。各国对绝对多数规定的标准也不一致，但都要高于简单多数。一如德国规定，特别决议须经出席股东大会的股东所持表决权的四分之三以上通过；法国《商事公司法》第 153 条第 3 款规定，特别股东大会以获得出席或由他人代理的股东拥有的票数的三分之二多数票做出决议。

我国《公司法》对特别决议的事项及决议通过所需的表决权数就股份有限公司和有限责任公司分别做出了规定。我国.《公司法》第 104 条第 2 款规定，股份有限公司股东大会对修改公司章程、增加或者减少注册资本的决议，以及公司的合并、分立、解散或者变更公司形式的决议，必须经出席股东大会的股东所持表决权的三分之二以上通过。根据我国《公司法》第 44 条第 2 款的规定，有限责任公司股东会必须以特别决议通过的事项有：修改公司章程、公司增加或者减少资本的决议，公司合并、分立、解散或者变更公司形式的决议，也就是说，以上决议必须经代表三分之二以上表决权股东通过。

有限责任公司的股东会应当将所议事项的决定作成会议记录，出席会议的股东应当在会议记录上签名。

第三节　董事会制度

董事会是指由股东会选举产生的董事组成的行使经营决策和管理权的公司常设执行机关。董事会有着领导和执行的双重职责，对公司的内部事务有着管理权，同时还全权代表着公司，进行一些相关的业务活动。董事会是一个公司的"领头羊"，在其领导下，方可对公司的所有内外事务和业务进行领导。

一、董事会的概念和地位

董事会是公司治理架构中承上启下的经营意思决定机构。依据我国《公司法》规定,董事会是由一个个作为个体的董事成员共同组成,对公司的经营事务做出一定的意思决定,它是公司常设的合议制业务执行机构。由于董事会是一个合议制集体决策机构,董事会权限的行使应当以会议方式为之。做实做强董事会对于上市公司抑或非上市公司都具有重要意义。

由于董事会是一个意思决定机关,而非公司的代表机关,因此董事会决议的对外法律效力需要借助法定代表人或代理人的意思表示行为。将董事会称为公司的"大脑"亦不为过。因此,董事会与法定代表人或代理人的关系有如"脑"与"口"的关系。

二、董事会的基本内容

(一)董事会的成员

依据《公司法》第 45 条第 1 款,有限责任公司董事会由 3 至 13 人组成。设董事长,也可以设副董事长。

实践中,很多公司董事会成员由股东经协商分配,以达到股东间控制公司权力的平衡,公司章程可规定董事会成员在股东之间分配的方法,也可以规定董事长、副董事长产生的办法。如果公司章程未作规定,董事由股东会选举产生,董事长由董事会选举产生。

《公司法》第 45 条第 2 款规定了职工董事。按该款规定,对于一般的有限责任公司,公司法并没有要求其必须设职工董事,但两个以上的国有企业或者两个以上的其他国有投资主体投资设立的有限责任公司,其董事会成员中应当有公司职工代表。该要求的立法目的不清楚,是为了显示国有公司职工当家做主? 还是为表明国有公司职工的利益更需要保护？实践中，国有公司职工董事没有发挥任何作用，有的国有公司，职工监事由工会主席或者纪委书记担任，这种职工董事"贵族化"的现象，进一步表明，在我国现有体制下设置职工监事，最终只是徒有其表的形式而已。

（二）董事会职权

《公司法》第47条规定了董事会10项具体职权。该10项职权有的已在有关条文中做出了规定，如股东会召集权；有的则属于董事会必须履行的义务，如向股东会报告工作；有的则属于董事会经营义务，如制定预算和决算方案、弥补亏损方案、增减资本方案、合并或分立方案等，都是董事会履行经营义务需要做的工作。该10项职权并非强制性规定。公司章程可对一些事项做出具体规定，如公司内部管理机构设置、经理的聘任和报酬等。

一般来说，如果公司章程未另行做出规定，除了公司法和公司章程规定需要股东会决议的事项外，董事会对公司日常经营事务都有决定权。公司章程对需要监事会决议的事项可做出详细规定，一旦章程做出了规定，这些事项必须经董事会决议，公司法定代表人或其他管理人员不能擅自决定，否则，对公司因此产生的损失应承担责任。

总之，董事会的职权可以分为三类：一是决策权。例如，决定公司内部管理机构的设置，制定公司的基本管理制度等职权。这是由于，正如《公司法》给董事会下的定义所言，董事会对公司的事务也有决定与否的权利。二是人事权。例如，决定聘任或解聘公司经理、副经理、财务负责人及其报酬事项。三是监督权。董事会不是由一个成员组成的，因而也不会出现"一个人说了算"的局面。董事长的选举和罢免都要经过董事会的决议，而经理的任职和解聘也由董事会决定，这实质上就是对公司高层的监督和制约。

（三）董事会会议的召集

1. 董事会的召集权

公司法没有规定董事会召集的时间,何时需要召集董事会完全依公司经营需要而定。《公司法》第48条规定,董事会会议由董事长召集和主持;董事长不能履行职务或者不履行职务的,由副董事长召集和主持;副董事长不能履行职务或者不履行职务的,由半数以上董事共同推举一名董事召集和主持。

第48条规定存在缺欠。公司在何种情形下需要召集董事会,并没有具体标准,董事长是否不履行职务,难以判断。如果副董事长、董事或者股东认为需要召集董事会,而董事长认为不需要召集董事会,副董事长、董事能否直接以董事长不履行职务为由召集董事会? 实践中,如果讨论的内容与董事长利益发生冲突,董事长往往以种种理由推托、拒绝召集监事会。对有限责任公司,公司法没有像股份公司那样规定董事、监事、股东召集董事会的提议权(原《公司法》第48条曾规定,三分之一以上董事可以提议召集董事会会议,2005年修改后的《公司法》删除了该规定),在董事长召集权和董事召集权中间,没有规定董事会召集提议权作为缓冲,极易造成因副董事长或董事直接召集董事会而产生的纠纷。

为防止纠纷发生,公司可在章程中规定股东或董事召集董事会的提议权,并对必须召集董事会的情形做出具体规定。董事长在出现这些情形时,应在合理期限内发出会议通知,否则,即属于不履行职务。

2. 召集程序

就股份有限公司而言,根据我国《公司法》第111条规定,董事会每年度至少召开两次会议,每次会议应当于会议召开10日前通知全体董事和监事。董事会召开临时会议,可以另定召集董事会的通知方式和通知时限。

就有限责任公司而言,我国 2005 年修订的《公司法》第 49 条删除了 1993 年《公司法》第 49 条"召开董事会会议,应当于会议召开 10 日以前通知全体董事"的法律要求。由此,有限责任公司的副董事长或其他董事在召集和主持董事会会议以推翻董事长时,无须提前 10 天通知全体董事,只要在合理的期限内通知其他董事即可。但也不排除有限责任公司公司章程基于公司自治精神规定"召开董事会会议,应当于会议召开 10 日以前通知全体董事"。

鉴于监事有权根据我国《公司法》第 55 条列席董事会会议,并对董事会决议事项提出质询或建议,因此召集董事会的通知不仅应当送达各位董事,还应送达各位监事。否则,亦构成董事会召集程序方面的法律瑕疵。

3. 董事会会议通知

公司法未对董事会会议的通知做出规定,而是留给了公司章程。公司章程应具体规定董事会会议通知的时间和送达方式,以确定召集人是否履行了通知义务。召集人按章程规定的时间和送达方式发出了通知,便履行了通知义务,即使董事未实际接到通知,也不构成程序上的瑕疵。实践中,有些公司虽然章程中规定了董事会通知时间和送达方式,但因董事较少,彼此也熟悉,董事会的召集较为随意,如果全体董事到会,且未有董事提出异议,有些董事会虽未按章程规定的时间和方式发出通知,此瑕疵也因全体董事同意参会的行为而治愈,同意参会的董事事后不能再以发出通知不合章程规定提起董事会决议撤销之诉。

4. 董事会的议事方式和表决程序

董事会可以采取灵活的会议形式,除了现场开会外,也可以采取通讯、电话、传真、电子邮件、网络会议等其他非现场形式。采取非现场会议,原则上以公司章程规定的形式为主,公司章程应规定非现场会议的议案送达、表决方式、会议记录等具体事项。如果采取公司章程未规定的非现场方式,只有全体董事一致同意方能做出决议。

公司法未规定董事会有效举行的最低出席人数(不同于股份公司),理论上,只要有两个以上董事出席,即可举行会议。公司章程可对董事会有效举行的最低出席人数做出规定,如一些公司章程规定必须有四分之三董事出席(也有规定必须全体董事出席)才能举行会议,一旦章程做出规定,出席会议董事人数必须达到章程的标准才能举行会议。

《公司法》第49条第1款规定:"董事会的议事方式和表决程序,除本法有规定的外,由公司章程规定。"而第3款规定:"董事会决议的表决,实行一人一票。"该第3款规定并不能因此理解为强制性规定。董事会如何决议属于公司内部事务,股东可根据公司情况在公司章程中另行做出规定。

5. 董事会决议

对于董事会决议,公司章程可对一些重大事项规定需三分之二或者四分之三表决权通过才能做出决议,或全体董事一致通过才能做出决议。对于公司章程未予规定的事项,只需与会董事简单多数通过即可做出决议。

董事会应当对所议事项的决定作成会议记录。会议记录应包括董事会举行的时间、地点、出席人数、决议事项、表决情况等,参会董事应在董事会会议记录上签名。董事会会议记录应交公司存档,以备股东查阅。

根据《公司法》第22条,董事会的决议内容违反法律、行政法规的无效。董事会召集程序、表决方式违反法律、行政法规或者公司章程,或者决议内容违反公司章程的,股东可以自决议做出之日起60日内,请求人民法院撤销。但是,公司不能以董事会决议存在瑕疵为由对抗善意第三人。

（四）董事的解职

如果不是经股东会选任，而是按公司章程规定任职的董事、董事长，股东会、董事会不得通过罢免决议解除其职务。公司章程之所以对董事分配方法做出规定，是因为少数股东要防止多数股东利用其持股优势独霸公司控制权。如果允许股东会通过罢免决议来解除监事职务，则这一防御手段将被多数股东瓦解。

有些自然人股东自己并不担任董事，而是指定他人担任；法人股东的法定代表人也可指定他人担任监事。这些受股东委派任职的董事，应与委派股东签订委任合同，明确双方权利义务。委派股东应向公司提交委任书。委派股东可撤销对其委派董事的委任而改任他人，但须通知公司方发生效力。公司章程最好对委派董事的程序做出详细规定，以避免发生纠纷。

董事任期由公司章程规定，但每届任期不得超过 3 年。董事任期届满，连选可以连任。董事任期届满未及时改选，或者董事在任期内辞职导致董事会成员低于法定人数的，在改选出的董事就任前，原董事仍应当依照法律、行政法规和公司章程的规定，履行董事职务。

第四节　监事会制度

既然有限责任公司是为中小企业而设，机构的设置只要满足交易的需要即可，如何设置内部机构应尽可能交给股东自治。从监事会与经理的性质看，两个机构都是有限责任公司可有可无的机构，实际上，公司法并不需要对此进行规定。

一、监事会的概念和地位

监事会是现代公司治理中的法定必备监督机关，功能是代表股东监督董事和公司高级管理人员。因股东会不是公司常设机关,对董事和高级管理人员日常经营决策无法实施监督,因此便设监事会代表股东监督。因有限责任公司股东大多亲任董事或公司高管,大部分有限责任公司并不需要监事会或监事监督。

完善监事会制度,强化监事会对公司经营者的监督,对于改善公司经营业绩、保护股东权益意义甚大。由于股东会不可能经常以集会的方式对董事会与经理层的业务决策及执行行为开展监督,股东会就有必要选任监事组成监事会对公司的业务和财务开展监督。

但在现实生活中,监事会往往不像理论上说的那样得力,往往会有"职位空设"的嫌疑,因而监督也就不力。由于社会经济等原因,在1993年,我国设立的《公司法》对于监事会的职责虽然有一定的规定,但由于监督权限和监督手段有所限制,在法律上没有得力的保障,因而监事会力量比较薄弱,再加上监事会往往由公司内部成员组成,权利低于董事会,因而往往没有实际的权利,这个机构也就形同虚设。因此,2005年修订的《公司法》对于监事会制度进行了脱胎换骨的改革,对监事会的职责和权利进行了重新的定位,既扩充了监事会的监督职权,又强化了监事会的监督手段。

二、监事会的基本内容

(一)监事会的组成

根据《公司法》第52条规定,有限责任公司可以不设监事会,只设1至2名监事即可。也就是说,我国有限责任公司,虽然监事会不是必设机构,但监事是必须有的。

监事会由股东监事和职工监事两部分组成,其中职工监事不得少于三分之一。股东监事可在公司章程中规定产生办法,如果章程未作规定,由股东选举产生;职工监事由职工大会或职工代表大会选举产生。监事的任期每届为 3 年。监事任期届满，连选可以连任。监事任期届满未及时改选，或者监事在任期内辞职导致监事会成员低于法定人数的，在改选出的监事就任前，原监事仍应当依照法律、行政法规和公司章程的规定，履行监事职务。公司董事、高级管理人员不得兼任监事。

（二）监事会的职权

根据《公司法》第 54 条、第 55 条规定，监事会、不设监事会的公司的监事行使以下职权。

（1）检查公司财务。公司财务内容很广泛，包括公司对资金的筹措和运用的各个方面。检查公司财务的主要内容是检查公司会计账簿，但不限于公司会计账簿。监事会该项职权显然要大于股东查阅账簿的内容。检查公司财务是监事职权中最重要的一项，在一定程度上，该项职权是后面几项职权行使的基础。通过检查公司财务，监事会可以获得董事、高级管理人员不当行为的证据，以便要求公司董事、高级管理人员及时纠正，提出罢免建议或提案，或者就有关问题提议召集股东会。

（2）对董事、高级管理人员执行公司职务的行为进行监督，对违反法律、行政法规、公司章程或者股东会决议的董事、高级管理人员提出罢免的建议。如果发现董事、高级管理人员存在违反法律、法规、公司章程或者董事会决议的情况，监事会可以向股东会或者董事会提出罢免或解聘上述人员的建议。

（3）当董事、高级管理人员的行为损害公司的利益时，要求董事、高级管理人员予以纠正。对于董事、高级管理人员损害公司利益的行为，监事会可直接向行为人提出纠正错误行为的要求。如果行为人未按监事会要求纠正错误行为，给公司造成损失，法律并没有赋予监事会起诉行为人的权利，因此，该项职权并无保障，只能与其他职权配合行使才能发挥作用。

（4）提议召开临时股东会会议，在董事会不履行本法规定的召集和主持股东会会议职责时召集和主持股东会会议。本项职权不仅是董事会怠于履行召集股东会职权的一种救济措施,而且对监事会履行其他职权也很重要。如在发现董事违法或违反公司章程时,监事会提出罢免建议只能以股东会召集为前提。

(5)向股东会会议提出提案。监事会有股东会提案权,监事会可以向股东会提出提案,股东会召集人应将监事会提案列入股东会议案。监事会提案一般应围绕对董事、高级管理人员的监督提出,如,罢免董事或解聘经理提案,整顿公司财务纪律提案,停止违反法律、法规、公司章程行为的提案,停止侵害公司利益行为的提案等。对于属于正常经营决策的问题,监事会一般不宜提出提案。

(6)依照《公司法》第152条的规定,对董事、高级管理人员提起诉讼。本项职权是为股东派生诉讼的组成部分,可参见本书相关部分。

(7)特别情况调查权。除了第54条规定职权外,《公司法》第55条第2款还规定:"监事会、不设监事会的公司监事发现公司经营情况异常,可以进行调查;必要时,可以聘请会计师事务所等协助其工作。"该款规定的调查权是一项综合职权,该调查不限于检查公司财务,而是包括对所有与公司经营有关情况的调查。特别情况是指"经营情况异常",可以是公司经营发生连续亏损或重大亏损的情况,也可以是公司财务混乱,或者发生明显对公司不公平的重大交易等情况。是否构成经营情况异常,由监事会具体判断。如果监事会认为公司经营情况异常,可以对公司进行调查。在调查中,需要会计师事务所、律师事务所等专业机构协助调查时,可以聘请专业机构,其费用由公司承担。

(三)监事会的监督手段

其一,监事会、不设监事会的公司的监事发现公司经营情况异常,可以进行调查;必要时,可以聘请会计师事务所等协助其工作,费用由公司承担(我国《公司法》第55条第2款)。此处的"等"字微言大义,包含了律师事务所等中介机构。

其二,监事会、不设监事会的公司的监事行使职权所必需的费用,由公司承担(我国《公司法》第 57 条、第 119 条第 2 款)。例如,监事会成员为调查公司董事、经理的商业贿赂行为而远赴外地出差的差旅费和通信费用由公司承担。

其三,监事可以列席董事会会议,并对董事会决议事项提出质询或建议(我国《公司法》第 55 条第 1 款)。这样就可以确保耳聪目明的监事行使知情权和建议权。对于这项规定,能够使监事在执行监督任务时更加理直气壮,有法律保障。对于监事提出的有根有据、有针对性的建议,董事会和经理层应当认真听取,不予采纳的应当书面说明理由。

其四,董事、高级管理人员应当如实向监事会或不设监事会的有限责任公司的监事提供有关情况和资料,不得妨碍监事会或监事行使职权(我国《公司法》第 151 条第 2 款)。

为避免裁判员与运动员的角色混淆,确保监事的独立性,我国《公司法》第 52 条第 4 款和第 118 条第 4 款禁止董事、高级管理人员兼任监事。此处的"高级管理人员"包括经理及财务负责人等高级管理人员在内。为确保诚信监事"喊疼"的权利,公司章程还可规定监事有权在被选任或解任的股东大会上陈述意见。

(四)监事会会议

监事会行使上述职权,需要做出有关决议。《公司法》规定,监事会每年度至少召开一次会议,公司章程应规定监事会召开会议的具体时间。监事可以提议召开临时监事会会议。监事会应设监事会主席(实务中一些公司设为监事长),负责召集和主持监事会。公司章程应具体规定监事会召集程序、议事方式、表决方法。

监事会决议应当经半数以上监事通过。监事会应当对所议事项的决定作成会议记录,出席会议的监事应当在会议记录上签名。会议记录应交公司存档保存。

第五节　经理制度

一、经理的概念和地位

（一）经理的概念

《公司法》的"经理"一职，在实务中一般被称为"总经理"，而"经理"称谓则多指部门经理。总经理有广狭二义。狭义的总经理仅指由董事会聘任、并对公司日常经营事务负总责的高级管理人员。广义的总经理既包括经理，也包括冠以"总经理"之称的公司中层高级管理人员，如部门总经理、部门总监。在这里讨论的总经理仅限于狭义的总经理。

（二）经理的地位

公司总经理是公司常设的辅助业务执行机关。相对于董事会而言，总经理处于辅助业务执行机关的地位。在实践中，董事会往往负责业务经营的决策，而总经理往往负责业务经营的执行，并对公司日常经营管理事务负总责，是整个经营团队的负责人。

公司总经理作为公司的高层管理，是公司的高级雇员。总经理理应履行劳动合同约定的义务，行使劳动合同约定的权利，享受《劳动法》、《劳动合同法》等相关法律的保护。

公司总经理是公司的代理人。基于总经理与公司之间的劳动关系以及《公司法》的规定，产生了总经理人的代理人地位。很多时候，总经理是一个公司的代理人，因而也就享有《公司法》授予的法定代理权限、公司章程和董事会授予的委托代理权限。

我国《公司法》对于有限责任公司而言，采取了允许公司任意设立经理的态度。该法第 50 条规定:"有限责任公司可以设经理,由董事会决定聘任或解聘。"有限责任公司的资本规模和经营规模千差万别,股东和董事的经营才干和经理状况又有不同,有限责任公司可以从本公司的具体情况出发决定是否设经理岗位。公司不设经理、也不设立董事会的,可以设执行董事。执行董事兼具董事会与总经理的职权。我国《公司法》对股份有限公司和国有独资公司采取了强制设立经理的态度。该法第 69 条规定:"国有独资公司设经理,由董事会聘任或解聘";该法第 114 条规定:"股份有限公司设经理,由董事会决定聘任或解聘。"

二、经理的基本内容

(一)经理的职权

我国《公司法》第 50 条第 1 款和第 114 条第 2 款规定了总经理的 8 项职权:①主持公司的生产经营管理工作,组织实施董事会决议;②组织实施公司年度经营计划和投资方案;③拟订公司内部管理机构设置方案;④拟订公司的基本管理制度;⑤制定公司的具体规章;⑥提请聘任或解聘公司副经理、财务负责人;⑦聘任或解聘除应由董事会聘任或解聘以外的负责管理人员;⑧董事会授予的其他职权。

我国《公司法》第 50 条第 2 款还规定:"公司章程对经理职权另有规定的,从其规定。"这表明公司章程既可以扩充经理的职权,也可以压缩经理的职权。立法理念是,立法者担心有些公司的经理滥权,遂将是否压缩、扩张以及如何压缩、扩张的自由裁量权回归公司股东。

总经理既然是公司的代理人和受托人,当然要对公司履行忠诚义务与勤勉义务。

(二)经理的选任与解聘

作为董事会的辅助执行业务机构,经理的选任和解聘均由董事会决定。对经理的任免及报酬决定权是董事会对经理实行监控的主要手段。董事会在选聘经理时,应对候选者进行全面综合的考察。我国公司法对经理的任职资格做出了与董事相同的要求,不符合法律规定的任职资格的人不得成为公司经理。必须明确法定的资格限制仅是选聘经理的最基本条件,因而出任公司经理的人除应符合法律规定的任职条件外,还应当具备相应的经营水平和管理才能。只有选聘那些德才兼备者,才能有效地提高公司的经营水平和竞争能力。

当经理被聘用后,其能力和水平要在实际的公司经营管理事务中体现出来,并且要定期向董事会汇报,述职,以此来接受董事会的定期监督。董事会根据经理的表现,可留聘或解聘,并决定经理的报酬事项。

解聘不合格的经理,是董事会对经理进行事后制约的重要手段,其作用不可低估。在西方国家,这种手段尤其突出,当一个经理的工作失败导致公司破产倒闭时,这不仅要负一定的法律责任,而且对其本人来说,也是一个不光彩的经历。因而也就很难东山再起,寻求一份新的经理职务。因此,在国外即使已经取得经理职位的人,也十分珍惜其职位,尽力做好经营管理事务,为公司提供更多的发展空间,不断增强公司的实力,使公司得以长期稳定地发展。

(三)经理的义务与责任

总经理在行使职权的同时,也必须履行相应的义务,承担相应的责任。作为基于委任关系而产生的公司代理人,经理对公司所负的义务与董事、监事基本相同,依法对公司负有忠实义务和勤勉义务。我国公司法对董事、监事、经理规定了相同的义务。如果经理违反法律、行政法规或者公司章程规定的义务,使公司遭受损失的或损害股东利益的,应对公司或股东负赔偿责任。在国外,经理在执行职务的范围内,违反法律、法规或章程规定,致使第三人受到损害的,对第三人还应与公司一起承担连带赔偿的责任。

第六节　股东诉讼

一、股东诉讼的概念和类别

股东诉讼是针对股东的权利问题而言的，是公司法保护股东权益的一项重要制度，早在三百年前就已出现，经过漫长的历史，股东诉讼变得更加健全和完善，迄今为止，世界上各国的公司法中，都有专门的章节对股东诉讼进行详细的规定和论述。我国新公司法也不例外。

股东诉讼，从字面意思上就可以看出，它指的是由股东提起的诉讼。按其诉讼内容，可将股东诉讼分为直接诉讼与派生诉讼两种。直接诉讼，是针对股东的个人权利而言的，股东作为公司的组成成员，理应享有一些权利，当这些权利受到损害时，股东有权提起诉讼。例如，请求支付合法股利的诉讼。派生诉讼又称传来诉讼，是站在公司的整体利益上而言的，因而保护的也就是公司的合法利益。当当董事、监事、高级管理人员执行公务时违反法律、行政法规或者公司章程时，就会产生给公司带来损失的结果，这时就由一个或多个股东出面，对这些违法违规的行为提起诉讼，而不是由公司董事会、监事会或股东大会进行出面诉讼。

在陈述完两者的定义后，我们不难看出，派生诉讼与直接诉讼具有很大的差别，主要表现在：

（1）被侵害的权利性质不同。一个是针对股东个体而言的，一个是针对公司整体而言的，具体说来，直接诉讼对应前者，派生诉讼对应的是后者。

（2）诉讼的目的不同。由于被侵害的权利主体不同，因而诉讼所要达到的目的也就不同，直接诉讼是为了保护股东个人的利益，而派生诉讼则是为了公司的整体利益着想。

(3)提起诉讼的程序不同。直接诉讼在股东权受到侵害时，直接向有关被告提起诉讼，不存在前置程序；而派生诉讼不同，为防止股东滥用诉权，各国（地区）公司法都为派生诉讼设置了特定的前置程序，一般来说，只有在请求公司机关提起诉讼或采取其他补救措施而仍未获满足后，才能提起派生诉讼。

二、我国股东诉讼制度的作用

在我国，赋予股东诉权有着十分重要的作用。

首先，赋予股东诉权有利于切实维护股东权益。在经济制度领域，我国经历了由计划经济到市场经济的转变，在计划经济时期，让人难以忘记的一个弊端就是集权带来的弊端。在这个特殊的国情下，股东诉权就显得十分必要。特别是在国有企业领域内，更容易产生集权，因而也就更要赋予国有股东以派生诉权，有效监督、遏制公司董事、监事和高级管理人员滥用职权，从而实现对国有股权的保护。很多实际的例子证明，股东诉权还有利于保护中小股东的权益。

其次，赋予股东诉权有利于强化公司的治理结构。"在公司实践中，"内部人控制"现象仍很突出，大股东"掏空"公司（甚至是上市公司）财产的事例屡有发生。在这种情况下，进一步完善股东诉讼制度，特别是赋予股东派生诉权，有利于敦促董事、监事、高级管理人员认真履行忠实义务和勤勉义务，也有利于促使股东积极维护自身利益和公司利益[①]"。

现实中，一项制度的实行并不是一帆风顺的，对于股东诉讼制度也是如此。因而好多学者认为股东诉讼只是一项应景的摆设，大陆法系国家更是如此，实施股东诉讼是一项遥不可及的事务，因而对于它发挥的效能也就不能期待太高。尽管如此，我们还是相信，社会会越来越向民主化、法制化迈进。只要赋予股东

---

① 范健．商法［M］．北京：高等教育出版社，2007，第 195 页

诉权,对于董事、监事、高级管理人员滥用权力就是一种现实的威慑。因而股东诉讼制度有着不可小觑的作用。

三、股东派生诉讼的主体要件

(一)原告

不同制度的公司对于股东派生诉讼的原告担任主体有不同的规定。对于有限责任公司而言,所有的股东都可以依法担任股东派生诉讼的原告。对于股份有限公司而言,担任股东派生诉讼的原告必须满足一定的条件,具体如下:

(1)须连续 180 日以上持有公司的股份。

(2)须单独或者合计持有公司 1% 以上的股份。

(二)公司

前文已经说过,股东派生诉讼的保护对象是整个公司。在不同的国家,公司法也有一些大大小小的差异。因而,关于公司在此种诉讼中处于的地位和作用,不同法系和不同的国家有着自己的规定。"在英美法系,将处于真正原告地位的公司看做是名义上的被告;在大陆法系,则视公司为与起诉股东利益一致的原告,是否参与诉讼由法院决定;日本则规定公司可参加诉讼也可不参加诉讼。无论公司以何种身份参与或不参与诉讼,各国法律都共同规定,判决结果对公司及全体股东都具有既判力和拘束力[①]"。

在中国的民事诉讼中,第三人制度完全适合派生诉讼中的公司地位。按照《民事诉讼法》的规定,第三人分为有独立请求权的第三人和无独立请求权的第三人,有独立请求权的第三人的制度设计显然不符合派生诉讼中的公司,而无独立请求权的第三人则与派生诉讼中的公司地位相吻合。因此,在派生诉讼中,应当将

---

① 甘培忠. 简评中国公司法对股东派生诉讼制度的借鉴[J]. 公司法评论,北京:人民法院出版,2005(2)

公司列为无独立请求权的第三人。

(三)被告

在派生诉讼中,被告是侵害公司合法权益并给公司造成损害的董事、监事、高级管理人员及他人,"他人"应包括控股股东、实际控制人及交易相对人等。派生诉讼中的被告与一般民事诉讼中的被告并无不同,可按《民事诉讼法》的一般规定行使诉权。

四、股东派生诉讼的法律后果

由于股东派生诉讼制度的出发点旨在保护小股东利益和防止滥诉两者之间寻找平衡点。因此,在诉讼结束后,对于遭受损害一方,法律有必要平衡原告与被告两者的利益,规定给予一定的赔偿或者补偿。各国或者地区的立法对此态度不尽一致,我国《公司法》对此未予明确。在各国或者地区的公司法实践中,一般分为原告胜诉和败诉而法律后果上有所不同。

(一)原告胜诉

股东派生诉讼中,如果结果是原告胜诉,那么说明公司确实遭受到了损害,公司应是被告履行赔偿义务的直接对象,这基本不存在异议。不过,在诉讼中花费了大量的精力和金钱是原告股东,应获得公司维护公益的奖励和支出必要费用的开支,如诉讼费用、律师费用以及其他等,各国(地区)法律中多规定此时应对原告股东进行赔偿或者应为公司损失之补偿,只不过在补偿的主体上的规定有所不同。

(二)原告败诉

在此情况下,原告对诉讼费用、律师费用等如果是恶意的诉讼,应当自理;如果是善意的诉讼则可从建立的"股份有限公司公益诉讼基金"中补充大部分,当然在原告诉讼前,可以要求原告向法院缴纳一定的担保费用只有建立这样的公益诉讼基金,一方面鼓励更多的适格股东维护公司的利益,另一方面防止股东派生诉权的滥用,对董事、监事、高级管理人员等起到震慑、预防的作用。

作为被告的董事等自然可以有向原告获得损害赔偿的权利,各国和地区法律的差别主要在于规定的赔偿前提条件不同。此外,有的国家还规定,在原告败诉的情况下,公司还可以请求原告股东赔偿。

(三)在和解撤讼的情况下

因和解协议可能影响全体股东,因此要求和解协议的内容必须向全体股东公开,并须经法官批准。

(1)股东大会按召开的期限和内容的不同可分为股东年会和临时股东大会两种。股东年会又称股东常会或普通股东大会,我国《公司法》第101条规定,股东年会每年应当召开1次。

(2)我国《公司法》第101条规定,有下列情形之一的,应当在2个月内召开临时股东大会:董事人数不足本法规定的人或者公司章程所规定人数的三分之二时;公司未弥补的亏损达实收股本总额三分之一时;单独或者际持有公司10%以上股份的股东请求时;董事会认为必要时;监事会提议召开时;公司章规定的其他情形。

第六章 公司财务会计制度

公司财务会计制度是公司利用货币价值形式组织、记录和规范其商事活动的法律规则，是公司法的重要制度。公司财务会计制度既是会计法的重要内容，也是我国公司法的重要内容。

第一节 公司财务会计制度概述

一、公司财务会计制度的内涵

公司的财务会计制度是对公司财务会计处理规则的总称，这些规则主要存在于法律、行业通行规则和公司章程之中。它是外显的，主要通过货币价值的形式来反映公司财务状况和经营成果，并最终通过这些来了解公司内部经营活动，从而加强内部经营管理，最终的目的就是为了提高公司的经济效益。企业往往会以不同的形式展现出来，而公司就是这众多形式中的一种，其财务会计事项必须适用《会计法》、《企业会计准则》和《企业财务通则》的一般规定。"世界上没有两片相同的树叶"，对于公司而言，没有两个公司会在同一项活动上会完全相同，在许多方面都有其独特的性质，因而各国公司法对于财务会计制度都有单独的规定，并优先于一般财会计法规的适用，以此来平衡股东、债权人以及其他人三方的关系，并对他们各自的利益予以维护。针对"公司财务会计"的内容和具体规章，我国《公司法》也专门另设一章对此进行具体的讲解,对公司的财务会计制度做出了相应的规定,并要求公司"依照法律、行政法规和国务院财政部门的规定建立本公司的财务会计制度",从而使公司的财务会计制度成为公司法律制度的重要组成部分。

从公司诞生以来,公司的类型就多种多样,一般而言,公司的类型不同,其财务会计制度也存在差异,但无论是哪种财务会计制度,主要的、带有共性的财务会计处理规则在股份有限公司中均有体现,故本书侧重介绍股份有限公司的财务会计制度。

二、公司财务会计制度的立法目标

"公司的资产营运不仅关系到公司自身的利益,而且关系到公司债权人、股东、潜在投资者、潜在交易相对人以及其他利益相关者的利益,而这些主体利益的维护都受到公司会计制度所提供的公司财务信息的影响[①]"。同时,公司财务管理是否依法有效进行对公司利益相关者的权益也会产生影响,因为合法和良好的财务管理不但可以提高公司的偿债能力,还可促进财产的公平分配。下面我们来具体阐述公司财务会计制度主要立法目的。

(一)为政府实施调控、监督及征税提供依据

由于市场经济的自由性,要求必须同时要有政府的宏观调控才能顺利展开经济活动,而政府获得公司的内部信息很大程度上是通过公司财务会计账簿和报表来获得的,以此作为政府经济统计数据的基本来源,也为政府对企业实行征税提供了基本依据。在宏观方面,只有对公司的财务状况有了清晰的了解,才能制定准确的经济运行指标,才能更好地为国家对国民经济实行有效的宏观调控做准备。在微观方面,只有通过具体了解公司的财务会计账簿和报表,政府职能部门才能对公司实施具体有效的监管,

---

① 赵旭东.公司法学[M].北京:高等教育出版社,2006,第449~450页

因为财务会计账簿和报表往往能够从侧面反映一个公司在某一时期的经营活动状况和成果。

(二)维护债权人的合法利益

公司财产是公司对其债权人提供的一般担保或总担保。公司债权人有权对公司的财务信息进行一个全面、真实、准确的了解。而要达到这个目的，就必须通过规范和健全的财务会计制度才能实现，通过公司的财务会计制度，对该公司资产状况、财务运行状况、偿债能力等做出准确的认识和评价，继而选择适当有效的防范措施来保护债权人本身的合法利益。对于潜在的交易者，只有在此情形下，他们才能对拟进行的交易进行准确的风险评估，从而决定是否进行交易或进行多大的交易。

(三)维护股东合法利益

对于公司重要组成部分的股东而言，他们向公司投资的主要目的无非也是为了获取利润，他们获利的形式往往会以股息和红利的形式展现出来。一旦公司经营不善，这很容易"连累"到股东的利益。也就是说，公司经营效果的好坏直接关系到股东的收益和亏损负担。但是，虽然股东是"投资方"，但其实质上并不直接参与经营活动，而是由董事和高级管理人员代理执行公司业务，股东除了能够参与股东大会外，没有其他机会参与其他的重要会议，这就很容易导致董事、高级管理人员"大权独揽"，从而容易侵害到股东的合法利益。为了防止这种局面的出现，就要从法律上对股东的利益予以保障。因而，依法建立公司财务、会计制度是十分重要的。《公司法》直接规定公司应定期编制、公告有关财务会计报告和会计表册，这可以使股东在对公司充分知情的基础上行使其股东权，以保障其合法权益。

(四)维护社会公众的合法利益

公司，特别是对股份有限公司而言，要想广泛筹集资金、吸引投资,就必须让更多的社会公众了解自己的公司经营状况,以此来决定要不要投资。这在很大程度上要求其财务状况的透明度,不仅要求公司有健全的会计制度,而且要求公司定期公开其财务会计报告。同时,公司作为社会的一个重要组成部分,其经营状况的好坏直接关系到社会的稳定,人民的生活。完善公司的财务会计制度,特别是健全提取公积金的强制性规定,能促进公司提高经济效益,进而维护社会公共利益。完善的公司财务制度、真实及时的会计信息也为政府制定宏观调控政策提供了直接的依据,能促进社会经济结构的合理调整,实现经济资源的合理配置。

三、公司财务管理制度

(一)财务管理的内涵

财务管理是指经济活动的主体对资金运营进行的计划、组织、领导与控制,包括资金的收、支、运用、分配等方面的事务,其实质是在一定的整体目标下,关于资金的投资、筹集和管理。

财务管理活动和我们每个人都息息相关,它渗透到我们社会生活的方方面面。生活中我们决定购买一件商品,要综合考虑商品的价格、性能、质量等各方面的因素,最终我们会根据自己的购买能力选择最适合自己消费能力的商品。在这个过程中,我们已经进行了经济管理活动。在家庭生活中,一家之主必须要考虑如何利用有限的收入,安排好家庭成员的衣、食、住、行,提高家庭生活的品质,并为自己的家庭在周围赢得一个符合自身情况的社会地位。要想做到这些,身为一家之主必须合理安排家庭收支、做好收支计划,做到收支平衡并有所结余,这也是在每一个以家庭为主体财务管理中活动需要面临和解决的问题。

我们平时所讲的财务管理指的是社会工商企业的财务管理,也就是以企业为主的财务管理活动。企业每天都面临外部环境的不断转换,比如公司之间的竞争日趋激烈、技术的创新和升级、通货膨胀和利息率的变换无常、全球经济波动的不稳定性、汇率的波动、资金的回收等各种问题。企业管理是应对和解决上述问题的关键,企业必须在管理过程中处理好资金筹集、投资决策和资产管理之间的关系,合理地配置有限的资产,确保整个企业的正常运转和良性发展。

(二)财务管理的基本内容

1. 资金及其运动形式

(1)资金

所谓资金,简单地说,就是各种财产物资的货币表现。在市场经济中,企业的一切财产物资都是有价值的,都凝结着相同的社会必要劳动,这种社会必要劳动的货币量化就是资金。可以说,资金是企业开展一切经济活动的血液和灵魂,没有资金,企业就无法存在,整个市场也就不复存在。

(2)资金运动

企业的再生产过程是一个不断循环和发展变化的过程。这一过程的开始总是通过各种渠道来取得资金,如投资者投入或借入资金,我们把企业取得资金的活动称为资金投入。从静态来看,企业所取得的资金总是表现为一定的财产物资,但从动态分析,企业资金总是不断地从一种形态转化成另一种形态,也就是说,企业的资金总是处于不断的运动之中,企业也正是在资金运动中提供各种商品和服务,从而不断发展壮大。例如,在生产型企业再生产过程中,资金从货币形态开始,依次通过供应、生产和销售三个阶段,分别表现为不同的形态,最终又回到货币形态,这就是资金的循环。而企业的资金循环又周而复始,不断重复进行,这就是资金周转。当然,有时,部分资金并不直接参与企业再生产过程,而投资到其他单位,成为对外投资;还有部分资金并不总是处于企业再生产过程中,而退出企业的资金循环和周转过程。如上缴税费、分配利润、归还债务等,我们称之为资金退出。我们把企业资金投入、资金循环和周转以及资金退出等统称为企业的资金运动。

(3)资金运动形式

在企业的资金循环和周转过程中,就某一特定时点而言,总是表现为一定的财产物资,这就是资金运动形式。企业资金运动通常表现为以下几种形式。

①货币资金

货币资金是企业以现金、银行存款或其他可用于结算和支付形态存在的资金。企业因采购物资、发放工资、支付税费和归还债务等财务活动需要,必须持有适量的货币资金。

②储备资金

储备资金是企业占用在各种材料物资上的资金。如何根据企业生产需要,合理组织材料物资供应,是企业再生产能顺利进行的必要前提。

③固定资金

固定资金是企业固定资产所占用的资金。企业为组织再生产过程,必须拥有厂房、设备等生产资料。

④成品资金

成品资金又称商品资金,是企业占用在产成品上的资金。就企业经营目标而言,企业商品能尽可能多地销售出、资金能尽可能快地实现回收当然是好事,但往往由于各种原因,总有一些商品处于待售状态,资金不能及时回收。

⑤在产品资金

在产品资金是企业占用在生产过程中的资金。在产品资金通常由储备资金、固定资金和其他形式资金转化而来,是再生产连续进行的必要环节。

⑥其他资金

除上述几种主要资金运动形式外,企业资金还包括结算资金、对外投资资金和待分配资金等不同形式。

2. 财务管理的目标

企业的财务管理目标又可以成为企业的理财目标,是指企业进行财务活动所要达到的目的。财务管理的目标是企业进行一切财务活动的出发点和最终归宿,也是评价和衡量财务管理工作好坏的基本标准。

在市场经济的大环境下,企业的经营管理工作的首要目标就是要实现经济效益的提升,也就是尽可能以最小的付出换回最大的收获,对此,人们对财务管理的目标逐渐形成了不同的认识。

(1)利润最大化

利润最大化是指通过对企业财务活动的管理,不断增加企业的利润并使利润达到最大。在我国,利润作为考量企业经营成果的重要指标,其数量不仅体现了企业对国家经济的贡献,而且同企业内部员工的经济利益和福利待遇紧密相关。

把利润最大化作为企业财务管理最终目标,在以下三方面表现出其合理的方面。

第一,与企业生产经营活动的目标相同。人类进行生产经营活动的目的是为了创造更多的剩余产品,在商品经济条件下剩余产品的多少可以用利润这个指标来度量。

第二,有利于企业加强资源的合理配置和管理。企业要追求利润最大化,就必须讲究经济核算,加强经营管理,改进技术,提高劳动生产率,降低产品成本,以上这些措施都有利于企业资源的有效利用,促进资源的合理配置和资源结构的优化,从而有利于经济效益的提高。

第三,有利于促进社会经济整体发展。企业实现了利润的最大化,就能给社会经济的增长和持续发展创造条件、提供基础,整个社会的财富就可能实现极大化,最终推动社会的繁荣和发展。

（2）以利润最大化为目标的缺陷

然而，以利润最大化为企业生产经营活动的最终目标，也存在一定的缺陷，并表现出一定的局限性，具体体现在以下几个方面。

①未考虑时间因素

在以利润最大化为企业生产经营活动的最终目标时，企业忽视了对利润实现时间以及资金的时间价值的考虑，在这样的情况下，企业很难正确判断不同时期利润的大小。

②未考虑风险因素

在企业的生产经营活动中，风险是同高利润同时存在的，往往是不可避免的。没有考虑企业获取利润时所承担的风险，可能使企业经营者不顾风险的大小去追求最大的利润从而给投资者的利益带来损害。

③未考虑企业结构和市场变化

企业的规模和结构的变化对企业的生产经营活动也会产生非常大的影响；同时，商品市场的变化，比如市场出现繁荣或萧条，都会给企业的生产经营活动造成影响。这些因素都应该是企业在财务管理过程中应当考虑的。

④未反映投入同产出关系

以利润最大化为企业生产经营活动的最终目标，忽视了投入的作用，没有反映出企业在生产经营活动中获得的产出同投入之间的关系，在这样的情况下，容易导致企业一味追求外延的扩大和规模的膨胀而忽视了效率的提高，企业为了实现经济目标，往往进行短期行为，这样不利于企业的长远发展。

⑤忽视了股东之间的效用倾向

企业的不同股东和债权人对企业的效用倾向期待是不一样的，以利润最大化为企业的经营目标就很难协调股东之间、股东同债权人之间的目标取向，因为股东和债权人不会同时都只追求利润的最大化，企业的债权人更注重企业的偿债能力和资产的流动性等。

（三）财务管理制度的内容

1. 资金筹集管理

（1）资本金管理

资本金制度是现代公司制度的基础，也是公司财务制度的重要内容。财务制度上所指的资本金是指公司在工商行政管理部门登记的注册资本。

除《公司法》第 26 条、第 82 条对于公司资本制度的强制性规定以外，财务制度上规定的资本金制度主要包括两方面内容：

①核算股东权益。股东权益或称所有者权益，在财务制度上是指股东对公司净资产的权利。公司的全部资产减全部负债后的净资产是股东权益，包括股本、资本公积金、盈余公积金、职工集体福利基金和未分配利润。股东按照出资或者认缴的股本比例分享经营收益、承担经营风险，或者按照公司合同、公司章程的规定分配收益、分担风险。

②强化对投入股本的管理。公司的财务会计人员要依据实际认股情况登记股份的种类、发行数量、每股面值、认缴或实缴股本的数量、其他需要记录的事项。非因减少资本等特殊情况的，公司不得收购本公司的股票，也不得库存本公司已经发行的股票。股东需要增加或者减少股份时，应当按照有关规定办理增资或者减资手续。股东投入的股本在公司存续期间不得抽回。

（2）公司负债管理

公司负债是指公司承担的能够以货币计量的，需要以资产或者劳务偿付的债务，如公司向银行借入的长期贷款或者短期借款等。在现代企业制度下，公司借入资金是一种重要的公司筹集资金的方式，加强对负债的管理既是保障债权人合法权益的重要手段，也是保障投资人即股东权益的重要保证。

2. 固定资产管理

固定资产（Fixed Assets）指的是企业的房屋、建筑物、机器、机械、运输工具以及其他与生产、经营有关的设备、器具、工具,当然这些资产有年限规定,必须是企业对其的使用权超过了 1 年。不属于生产经营主要设备的物品,如果其单位价值在 2000 元以上且使用年限超过 2 年的,也被视为固定资产。固定资产是企业的劳动手段,也是企业赖以生产经营的主要资产。从会计的角度划分,固定资产一般被分为生产用固定资产、非生产用固定资产、租出固定资产、未使用固定资产、不需用固定资产、融资租赁固定资产、接受捐赠固定资产等。固定资产具有单位价值高、使用期限长的特点。

3. 无形资产管理

无形资产(Intangible Assets)是指公司拥有或者控制的没有实物形态的可辨认非货币性资产。无形资产通常包括专利权、非专利技术、商标权、著作权、土地使用权等。一般情况下,无形资产的计量是按实际成本来计算的,就是说从拥有无形资产之日起,到达到这些资产的预定用途为止,所支出的全部费用。但是由于无形资产的来源不同,其取得的成本也不尽相同。

公司主要通过以下方式取得无形资产:

(1)外购的无形资产,其成本包括购买价款、相关税费。

(2)投资者投入。投资者投入的无形资产成本应当按照投资合同或者协议约定的价值确定无形资产的取得成本。如果投资合同或者协议约定的价值不公允,应按照无形资产的公允价值作为初始成本入账。

(3)通过债务重组或者政府补助等方式获得,应当以其公允价值作为其成本。

四、公司会计制度

(一)公司会计制度概述

企业的会计核算往往需要法律的规范,这样才能更真实、详细、准确地提供会计信息。根据《会计法》及国家其他有关法律和法规,我国财政部制定了一系列会计制度。从 1993 年会计制度改革以来,我国颁布和实施了十几个分行业会计制度,如 1998 年颁布实施的《股份有限公司会计制度》等。

从 2000 年开始,为促进社会主义市场经济的健康发展,适应加入世界贸易组织的要求,贯彻党中央和国务院提出的建立健全全国统一的会计制度的精神,在继续制定会计准则的同时,我国对会计核算制度进行了改革。改革并不是盲目进行的,而是有一定的思路和体系,而改革的目标就是建立一个全国上下统一的会计核算制度体系。从整体的层次上可以将这个制度划分为三个层次,分别是:第一层次,按照企业的规模和性质,分别建立《企业会计制度》、《金融保险企业会计制度》、《小企业会计制度》所应遵循的一般原则。第二层次,在第一个层次的基础上,详细建立相关的会计科目,对具体账务处理和财务会计报告的编制进行详细的规定和说明。第三层次,在前两个层次的基础上,对于各行业、企业专业性较强的会计核算,将陆续以专业核算办法的形式发布。

目前我国会计核算制度采取分步实施的办法。2000 年 12 月 29 日财政部发布了《企业会计制度》,从 2001 年 1 月 1 日起它暂在股份有限公司范围内执行,但同时鼓励符合条件的其他企业执行。《企业会计制度》主要是以《股份有限公司会计制度》和已经发布或即将发布的具体会计准则为基础,结合我国的实际情况制定的。它充分体现会计要素的质量特性,体现稳定性、可理解性和可操作性原则,不同于过去分行业会计制度。当今我国企业会计改革的模式是《企业会计准则》和《企业会计制度》并存。

(二)公司会计制度的内容

1. 会计核算

会计核算是公司会计的核心内容,是以货币价值为基本计量单位,对公司经营事务进行连续、系统、全面记录和计算并编制相关报表的公司内部管理活动。

(1)会计核算的范围

并不是任何涉及公司财务的内容都可以进行会计核算,会计核算也有一定的适用范围。只有以下事物才能进行会计核算:"款项和有价证券的收付,财物的收发、增减和使用,债权债务的发生和结算,资本、基金的增减,收入、支出、费用、成本的计算;财务成果的计算和处理;需要办理会计手续、进行会计核算的其他事项[①]"。一般而言,公司对应当进行会计核算的事项和内容,要制定一定的会计凭证,在有了会计凭证之后还要登记会计账簿,然后再编制财务会计报告。

(2)会计凭证

会计凭证包括原始凭证和记账凭证。对于原始的会计凭证,要遵守其原始凭证记载的各项内容均不得涂改的原则,如果在原始凭证上发现有错误的地方,不能擅自修改,而应该由出具单位重开或者更正,当然也必须在更正处加盖出具单位印章,这样才算有效。对于原始凭证金额有错误的,也应该按照上文所言,进行更正。一旦原始凭证确定了,就可以以此为根据,进行记账凭证的编制。

(3)会计账簿

前面的会计核算和会计凭证都是为了会计账簿的登记做准备,它们是会计账簿的依据,这是会计制度的客观要求。会计账簿就是好多"账"的组合,这些"账"包括公司总账、明细账、日记账和其他辅助性账簿。为了避免因为无页码引起的不必要的混乱,就要按照连续编号的页码顺序登记。

(4)财务会计报告

有关财务会计报告的构成详见本章下一节的内容。

---

① 李晓春. 公司法学[M]. 厦门:厦门大学出版社,2011,第94页

2. 会计监督

公司内部会计监督制度的基本要求是：第一，要坚持责权分明的原则。现实中，好多公司正是由于记账人员与经济业务事项和会计事项的审批人员、经办人员、财物保管人员的职责权限不分明，最终走向末路。所以应当让这些人员各司其职，各尽其能，相互制约；第二，对于重大对外投资、资产处置、资金调度以及其他比较重要的经济业务事项，在决策和执行时务必要保持谨慎的态度，而且各个机构和人员要熟悉相关的程序，并互相监督；第三，对于财产清查的范围、期限和组织程序也必须做到成竹在胸；第四，财务会计的正常运行必须要有时时刻刻的监督，因而要对会计资料进行定期的内部审计，并对这些审计的办法和程序要烂熟于心。

3. 会计机构和会计人员

一般而言，公司针对自己的财务会计制度，都有一定的机构设置，其中包括会计机构。有时公司规模较小，因而没有专门的会计机构，但一定会少不了相关的会计人员。有些不具备设置条件的公司，就会委托一些中介机构来操作代理。这些中介机构主要就是从事会计代理记账业务的机构。对于国有独资公司和国有资产占控股地位的公司而言，要求其必须设置总会计师。

（三）新企业会计准则体系的构成

从内容上看，我国新企业会计准则是由四大制度板块有机组合而成的，这四大板块分别是：会计确认制度、会计计量制度、会计报告制度和会计记录制度。从规范形式上看，新企业会计准则体系由《基本准则》38项目具体会计准则与38项应用指南等三部分构成。

《基本准则》在整个会计准则体系中起着统率和指引作用，主要规范财务报告目标、会计基本假设、会计基础、会计信息质量要求、会计要素的确认、计量和报告原则等。《基本准则》不仅指导未来的具体准则起草工作,而且对尚未有具体准则规范的会计实务问题提供行为指引。

38 项具体准则分为一般业务准则、特殊业务准则和报告类准则,主要规范企业发生的具体交易或者事项的确认、计量和报告,为企业处理会计实务问题提供具体而统一的标准。就具体准则的体例编排而言,财政部根据"一般准则在前、特殊业务和行业准则居中、报告准则断后,按照准则所涉及主要报表项目在报表中的顺序依次排列"的基本原则,对 38 项具体准则逐一编号。

38 项《企业会计准则——应用指南》包括具体准则解释和附录两部分,为企业执行新会计准则提供了操作性规范。其中的附录是根据会计准则规定的 156 个会计科目及其主要账务处理。38 项具体准则与和应用指南正文与国际财务报告准则的内部结构基本相同。

（四）公司会计信息质量要求

会计准则不仅是沟通企业与投资者的通用语言,也是对企业进行市场约束的有效工具。因此,《基本准则》第 2 章专门规定了会计信息质量要求。会计信息质量要求的提出看似面对公司会计活动的基本要求,充其量面对审计机构的审计需求。实际上,会计信息质量要求并非仅仅服务于公司自身的利益诉求,更重要的是要服务于股东、债权人、潜在投资者、潜在交易伙伴（包括消费者）、监管者和社会中介机构等方方面面的会计信息使用者。因此,为确保会计信息使用者获取足够的会计信息,做出鲜明的投资、交易、监督与监管决策,必须强调使用者友好型的会计信息的质量要求。

1. 真实性

公司会计信息的真实性是会计信息的生命之所在,也是会计信息质量的第一要求。我国《会计法》第 13 条对此做了详细的规定,对伪造、随意变更会计凭证、会计账簿及其他会计资料进行了明确的禁止,任何单位和个人都不能以任何名义提供虚假的财务会计报告。《基本准则》第 12 条也对公司会计方面的真实性做出了相关的要求,规定公司必须以实际发生的交易为依据,不得虚造伪造,在此基础上进行会计确认、计量和报告,要对各项相关的会计要素进行如实的反映,一定要做到会计信息真实可靠、内容完整。真实性是一个广义的概念,在外延上还包括完整性的要求。实话只说一半等于撒谎。会计信息造假不仅触犯法律,而且于理不容。当前,会计信息的真实性和完整性仍是公司会计信息质量改进工作中的头号顽症。

2. 相关性

"会计信息的相关性也可称为会计信息的有用性,强调企业提供的会计信息应当与财务会计报告使用者的经济决策需要相关,有助于财务会计报告使用者对企业过去、现在或者未来的情况做出评价或者预测(《基本准则》第 13 条)①"。根据以上规定,我们得知,公司提供的会计信息必须要有一定的准确性,对于公司的财务状况、现金流量以及最终的经营成果要有一个公正明确的反映,从而为会计信息的使用者提供便利。强调会计信息的相关性的实质是督促公司及其他编制主体要树立用户本位主义、用户中心主义的会计信息观,杜绝公司自我中心主义的会计信息观,反对公司为了转移使用者的视线而故意"顾左右而言他"。

3. 易解性

企业提供的会计信息应当清晰明了,便于财务会计报告使用者理解和使用(《基本准则》第 14 条)。这是指企业的会计核算和编制的财务会计报告应当清晰明了,成为报告使用者友好型的会计信息。在公司生活中,上市公司的会计信息铺天盖地,但真正

---

① 刘俊海．公司法学[M]．北京:北京大学出版社,2012,第 409 页

能被广大各种投资者理解和消化的信息并不多见。这个现象恰恰说明了会计信息易解性的重要性与迫切性。从制度设计的前瞻改革来看,应当积极推进公司财务报告的简明化运动,把会计信息的生产、加工和审计鉴证的会计审计过程留给诚信的专业人士,而把简明易懂、内容可信的会计审计结果提供给使用者。

4. 可比性

公司提供的会计信息不能只是"一面之词",而应当具有一定的可比性。"同一企业不同时期发生的相同或者相似的交易或者事项,应当采用一致的会计政策,不得随意变更。确需变更的,应当在附注中说明。不同企业发生的相同或者相似的交易或者事项,应当采用规定的会计政策,确保会计信息口径一致、相互可比[①]"(《基本准则》第 15 条)。可见,会计信息的可比性必须同时满足纵向比较(本公司的历史比较)和横向比较(特点时点或时段的不同公司之间的比较)的双重要求,才能满足债权人和投资者对公司的历史发展轨迹及其在同行业或者其他具有可比性的公司群体中的竞争力做出客观的判断。此外,根据我国《会计法》第 20 条第 2 款规定,公司向不同的会计资料使用者提供的财务会计报告,其编制依据应当一致。

5. 实质性

"企业应当按照交易或者事项的经济实质进行会计确认、计量和报告,不应仅以交易或者事项的法律形式为依据[②]"(《基本准则》第 16 条)。该条规定脱胎于《会计制度》第 11 条规定"企业应当按照交易或事项的经济实质进行会计核算,而不应当仅仅按照它们的法律形式作为会计核算的依据"。只有透过现象看本质,才能使得财务会计报告对使用者开卷有益。

---

① 刘俊海. 公司法学[M]. 北京:北京大学出版社,2012,第 410 页
② 同上

6. 谨慎性

在现实经济生活中,投资者和债权人上当受骗的主要原因,是他们信赖的财务会计报告偏离了谨慎性,甚至不惜信口开河,拔苗助长。为使得用户得以对公司的财务状况与经营状况获得完整、客观、全面的信息,进而做出理性判断,公司应当对于任何一项会计活动都抱着小心谨慎的态度,不应粗心大意,抱有"无所谓"的态度,尤其对交易或者事项进行会计确认、计量和报告时更应该小心翼翼,遵守事实,不应高估资产或者收益、低估负债或者费用(《基本准则》第 18 条)。因此,会计确认、计量和报告的活动应当具有理性主义的色彩,不应具有信马由缰的自由主义和理想主义色彩。

7. 及时性

"企业对于已经发生的交易或者事项,应当及时进行会计确认、计量和报告,不得提前或者延后[①]"(《基本准则》第 19 条)。实践证明,违反及时性原则的财务会计信息无论是恶意滞后,还是恶意提前,都有可能欺诈或者误导投资者和债权人。因此,及时性不仅是上市公司信息披露的基本要求,也是其他类型公司制作和提供会计信息时应当遵循的基本原则。

第二节 公司财务会计报告的编制和提供

一、财务会计报告的内涵和内容

(一)财务会计报告的内涵

财务会计报告是对一个企业内部财务状况做出的反映,一般

---

① 刘俊海. 公司法学[M]. 北京:北京大学出版社,2012,第 410 页

而言,它有一定的时间,是对公司某一时期财务状况做出的总结,通过一个企业的财务会计报告,外界可以了解到这个企业的经营成果、现金流量等会计信息。财务会计报告为财务报告的使用者提供了有力的会计信息,有助于财务会计报告使用者(包括投资者、债权人、政府及其有关部门和社会公众等)做出经济决策。

(二)财务会计报告的主要内容

财务会计报告分为年度、半年度、季度和月度财务会计报告。

"我国《公司法》在 2005 年修订之前,曾对公司财务会计报告的内容种类作了明确的规定[①]"。修订后没有对此做出规定,只是要求公司财务会计报告应当依照法律、行政法规和国务院财政部门的规定制定(第 165 条)。根据国务院制定的《企业财务会计报告条例》第 7 条和财政部发布的《企业会计准则——基本准则》第44 条的规定,公司年度和半年度财务会计报告由以下三部分内容构成:

1. 会计报表

"会计报表包括资产负债表、利润表、现金流量表及相关附表。小企业编制的会计报表可以不包括现金流量表[②]"。

(1)资产负债表

"资产负债表是指反映企业在某一特定日期的财务状况的会计报表[③]"。资产负债表将交易科目分为"资产"和"负债及股东权益"两大区块。资产一般是按各种资产变化先后顺序逐一列在表的左方,反映单位所有的各项财产、物资、债权和权利;所有的负债和所有者权益则逐一列在表的右方。负债一般列于右上方分别反映各种长期和短期负债的项目,业主权益列在右下方,反映业主的资本和盈余。左右两方的数额必须相等,即"资产＝负

---

① 范健,王建文. 公司法[M]. 北京:法律出版社,2011,第 437 页
② 李晓春. 公司法学[M]. 厦门:厦门大学出版社,2011,第 96 页
③ 李晓春. 公司法学[M]. 厦门:厦门大学出版社,2011,第 97 页

债＋股东权益"。

该表可揭示公司的资产及分布结构以及资产的来源及构成,有助于评价公司的盈利能力,有助于投资者对资产负债进行动态的比较,进一步分析公司经营管理水平及发展前景与后劲。

(2)利润表

利润表,也称损益表、收益表,主要是针对企业在一定时期内的经营成果做出反映的会计报表。该表按利润的构成和利润的分配分项列示。其中利润构成科目包括营业利润、投资收益和营业外收支净额等;利润分配科目包括所得税、提取的法定公积金、公益金、分配的优先股利、分配的普通股股利、年初未分配利润、上年利润调整数、期末未分配利润数等。通过利润表,可以反映企业一定会计期间的收入实现情况同费用耗费情况、企业生产经营活动的成果即净利润的实现情况,进而判断资本保值、增值情况。通过对该表的分析,使用者可判断企业未来的发展趋势,继而凭此做出经济决策。

(3)现金流量表

现金流量表,也称财务状况变动表,它反映了企业在一定时期内,现金或者是可以用现金来衡量的等价物流入和流出的会计报表。该表列示了经营活动、投资活动和筹资活动所产生的现金流入情况和各项现金支出情况。"与资产负债表和利润表相比,该表既能反映公司资产、负债和股东权益的增减变化,也能说明增减变动的原因;既能反映资金的运用过程,也能反映影响公司本期损益的各项业务和公司损益变动的原因[①]"。现金流量表是直接用现金对公司经营状况做出的反映,更具体地说,它反映了企业偿债能力和支付能力。

(4)利润分配表

利润分配表(statement of profit appropriation),是反映公司一定会计期间对净利润以及以前年度未分配利润的分配或者亏

---

① 王保树,崔勤之. 中国公司法原理[M]. 北京:社会科学文献出版社,2006,第2页

损弥补的报表,是利润表的附属明细表,在国外通常将二者合二为一。利润分配表所显示的利润总额分配走向分为四个层次:应交所得税;当年税后利润;可供股东分配的利润;或是累计尚未分配的利润。通过利润表、利润分配表,使用者可以分析出公司的盈利能力、股东投资的回报情况,从而为股东或潜在投资者提供投资决策依据。

2. 会计报表附注

会计报表附注是对会计报表做出的解释,主要的目的是为了让会计报表的使用者能够更好地理解会计报表的内容,它的内容主要包含了解释会计报表是在什么基础上编制的,它的依据是什么,在编制时要遵循哪些原则,运用哪些方法来编制报表,编制报表时有哪些重要的项目等。

3. 财务情况说明书

顾名思义,财务状况说明书就是对财务状况的一个具体详细的说明,并以说明书的方式呈现出来。主要的内容就是针对公司的财务状况而言的,包括公司生产经营状况,获利和亏损情况,资金的投入和周转状况,以及对公司整体上详细的财务状况、最终的和阶段性的经营成果以及现金流等关系到财务方面的重大事项。

"季度、月度财务会计报告通常仅指会计报表,会计报表至少应当包括资产负债表和利润表[①]"。

二、财务会计报告的编制和提供

(一)制作主体

公司应当在每一会计年度终了时编制财务会计报告,并依法

---

① 企业财务会计报告条例,第8条

经会计师事务所审计;财务会计报告应当依照法律、行政法规和国务院财政部门的规定制作。此处的"每一会计年度终了时"主要指每一会计年度终了后三个月内,即每年 3 月 31 日之前。

从公司财务会计报告的使用者的角度看,公司是编制财务会计报告的义务主体和行为主体。而就公司内部的机构和人员而言,按照《企业会计准则》和《企业会计制度》的规定,对财务报表的编制是公司高层管理的职责。在编制报表时,他们主要负责以下三项主要内容:第一,设计、实施和维护与财务报表编制相关的内部控制,避免舞弊现象以及错误的发生;第二,在编制报表时,一定要选择和运用恰当的会计政策;第三,在前两个条件比较成熟时,做出合乎实际的会计估计。

即使存在会计师事务所对财务报表的审计制度,也并不取代或者当然排除、限制公司管理层依法编制财务会计报告的责任。正如《中国注册会计师审计准则第 1101 号》第 3 条所言,"按照中国注册会计师审计准则的规定对财务报表发表审计意见是注册会计师的责任;在被审计单位治理层的监督下,按照适用的会计准则和相关会计制度的规定编制财务报表是被审计单位管理层的责任[①]";财务报表审计不能减轻被审计单位管理层和治理层的责任。

(二)制作要求

我国《公司法》并没有直接规定财务会计报告的编制要求,只是要求应当依照法律、行政法规和国务院财政部门的规定制作。依据我国《会计法》的规定,财务会计报告应当真实、完整,不得提供虚假的财务会计报告。"报告应当由单位负责人和主管会计工作的负责人,会计机构负责人(会计主管人员)签名并盖章。设置总会计师的单位,还需由总会计师签名并盖章[②]"。单位负责人应当保证该报告真实、完整。除此之外,国务院发布的《企业财务会

---

① 刘俊海. 公司法学[M]. 北京:北京大学出版社,2011,第 417 页
② 李晓春. 公司法学[M]. 厦门:厦门大学出版社,2011,第 98 页

计报告条例》对财务会计报告的制作作了更为明确具体的规定。

三、财务会计报告的审验

（一）财务会计报告的审核

我国《公司法》第 164 条第 1 款规定，公司编制的财务会计报告，应当依法经会计师事务所审计；第 62 条特别规定，一人有限公司的年度财务会计报告须经会计师事务所审计。这表明公司财务会计报告在编制完毕后必须接受法定的外部审计（又称社会审计）。

外部审计的立法预设是：公司管理层与股东尤其是外部股东之间存在利益冲突，为了防止管理层腐败、侵蚀股东利益，股东需要支付包括外部审计费用在内的"代理成本"；外部审计具有独立性，审计者作为第三方，独立、客观和公正地提供审计服务。为了确保外部审计的公正与实效，我国《公司法》第 169 条规定，公司聘用、解聘承办公司审计业务的会计师事务所，依照公司章程的规定，由股东会或者董事会决定。股东会或者董事会就解聘会计师事务所进行表决时，应当允许会计师事务所陈述意见。第 170 条规定，公司应当向聘用的会计师事务所提供真实、完整的会计凭证、会计账簿、财务会计报告及其他会计资料，不得拒绝、隐匿、谎报。

此外，"多数公司法还规定公司内部审计，如由监事会或审计员（auditor）进行审核并提出书面报告[①]"。我国公司法没有这样的规定，但赋权监事会"检查公司财务"，据此，监事会认为有必要时，可以对公司财务会计报告进行必要的审查；且在必要时可聘请会计师事务所协助审查，所需费用由公司负担。

---

① ［英］丹尼斯·吉南著；朱弈锟等译．公司法［M］．北京：法律出版社，2005，第396 页

（二）财务报告的确认

公司财务会计报告只有经过股东会的讨论决议，方才可以产生相应的法律效力。按照规定，股东要在召开股东年会之前，对置于本公司的财务会计报告进行查阅，以此为依据，在召开股东大会时，能够有足够的信息来决策未来事宜。财务会计报告一经审议批准，即由公司对财务会计报告的真实性、准确性和全面性负责，而免除董事、监事的个人责任。但是，董事或监事如果在财务会计报告的制作或检查中有违法行为，仍应对其违法行为承担责任。

四、财务会计报告的公示

财务会计报告的公示制度是公司依照法律规定向社会公开其财务会计报告的制度。实行会计报告公示制度是公司制度的内在要求，它对于保护股东、债权人、交易关系人的利益，维护交易安全和社会经济秩序，确保社会公众利益，都具有重要的作用。

由于公司的类型不同，法律对公司财务会计报告公开的范围和方式的要求也不相同。在我国，公司主要采用以下三种方式公示其财务会计报告：

第一，将报表置备于公司住所供股东查阅或送交各股东。依公司法规定，有限责任公司应当按公司章程规定的期限将财务会计报告送交各股东；股份有限公司的财务会计报告应当在召开股东大会年会的 20 日以前置备于公司，供股东查阅。

第二，向有关部门或单位报送会计报表。公司财务会计报告应按月或按年报送当地财税机关、开户银行和主管部门等。

第三，公告公司的财务会计报告。我国《公司法》规定，公开发行股票的股份有限公司必须公告其财务会计报告；上市公司必须按照法律、行政法规的规定，定期公开其财务状况和经营状况，在每一会计年度内半年公布一次财务会计报告。

第三节　公司财务会计报告审计

一、公司财务会计报告审计的内涵

公司财务会计报告审计是指由公司委托注册会计师依据法律规定和注册会计师审计准则对公司的财务会计报告进行审查验证、并出具书面意见的公司外部财务监督活动。为提高公司财务会计报告的真实性、公允性与公信力,我国《公司法》第164条建立了强制审计制度:公司应当在每一会计年度终了时编制财务会计报告,并依法经会计师事务所审计。

注册会计师的审计职责与公司管理层的会计职责(依法编制财务会计报告)截然有别,不容混淆。既不能以公司管理层的会计责任取代注册会计师的审计责任,也不能以注册会计师的审计责任取代公司管理层的会计责任。注册会计师不能越俎代庖,主动或者被动地替被审计公司编制财务会计报告。但在实践中,一些公司聘请同一家会计师事务所扮演编制和审计财务会计报告的双重角色,不仅彻底抹杀了被审计者与审计者、被监督者与监督者之间的法律边界,而且留下了注册会计师协助被审计公司做假账的失信记录。为维护财务会计报告审计制度的公信力,避免财务会计报告工作中"打假球"、"吹黑哨"的失信现象,必须旗帜鲜明地禁止审计机构为其曾经协助编制财务会计报告的公司出具审计意见。

在通常情况下,公司财务会计报告的委托人是公司。在例外情况下,获得法律授权的行政机关、人民法院或者仲裁机构也可委托会计师事务所对公司财务状况进行专项审计。例如,中国证监会认为有必要时,可以委托会计师事务所、资产评估机构对证券公司的财务状况、内部控制状况、资产价值进行审计或者评估

（我国《证券法》第 149 条）。

二、公司财务会计报告审计的作用

公司财务会计报告审计不仅是公司财务会计制度中的重要内容,也是完善公司治理的关键。

首先,公司财务会计报告审计制度有利于提高公司财务会计报告的公信力。公司即使已经按照企业会计准则和《企业会计制度》的规定编制财务会计报告,并在所有重大方面公允反映了该公司在上一会计年度 12 月 31 日的财务状况以及上一会计年度的经营成果和现金流量,但由于缺乏外部独立审计机构的审查验证,也容易使得股东和债权人对其公信力大打折扣。而有了审计机构的专业审计服务,加之审计机构审计不当的损害赔偿责任以及审计机构的失信制裁机制,债权人和投资者就容易接受和信赖经审计机构审查验证过的公司财务会计报告。

其次,公司财务会计报告审计制度有利于提高公司财务会计报告的编制质量。在没有外部约束与监督的情况下,公司编制财务会计报告时有可能胆大妄为地实施"造假"行为。而有了审计机构未来审计的潜在威胁,公司在编制财务会计报告时有可能规范自己的活动,以避免审计机构出具否定意见的审计报告及其引发的严重后果。

最后,公司财务会计报告审计制度有利于扭转公司与其他利益相关者之间的信息不对称局面。在现代市场经济社会,市场主体沦为弱者的原因不仅仅在于经济实力的弱小,更在于信息占有的不对称。占有信息多(包括数量与质量)的主体得以雄踞为强者,占有信息少的主体只能沦落为弱者。保护中小股东和债权人合法权益的关键点在于扭转中小股东在控制股东与管理层面前、债权人在债务人公司目前的信息弱势地位。而中立、客观、权威、专业的会计师事务所的审计服务有助于督促公司管理层披露公司的重要财务会计信息。

三、财务报表审计的目标

财务报表审计的目标是注册会计师通过执行审计工作,对财务报表的下列方面发表审计意见:财务报表是否按照适用的会计准则和相关会计制度的规定编制;财务报表是否在所有重大方面公允反映被审计单位的财务状况、经营成果和现金流量。

财务报表审计属于鉴证业务,注册会计师的审计意见旨在提高财务报表的可信赖程度。审计工作不能对财务报表整体不存在重大错报提供担保。审计意见不是对被审计单位未来生存能力或管理层经营效率、效果提供的保证。

四、审计机构的资格

审计机构应当依法取得财政主管部门颁发的审计业务资格。但依据法律规定在某些特殊审计领域存在特别门槛的,需要从有关主管部门取得特别审计业务资格。因此,依据法律规定或者被审计公司所在行业的特殊性质,需要聘请取得特别审计业务资格的审计机构的,公司应当聘请具有特别审计业务资格的审计机构。例如,从事证券期货相关业务资格(审计及资产评估)、国有大型企业审计业务资格、金融相关审计业务资格和其他各种业务资格、中国证监会颁发的执行 A 股公司补充审计试点业务及首次发行证券过程中的专项复核业务资格等都属于特别审计业务资格。

尽管会计师事务所的审计业务存在着法律门槛,也要鼓励依法取得相应业务资格的会计师事务所之间开展公平竞争,反对不公平竞争现象。

五、会计师事务所的选择程序

为保障会计师事务所的独立性,真正发挥外部审计的监督作用,公司聘用、解聘承办公司审计业务的会计师事务所,依照公司章程的规定,由股东会、股东大会或者董事会决定,而不能由董事长或者总经理一人独断(我国《公司法》第169条第1款)。鉴于我国《公司法》修改仍贯穿了股东会中心主义、而非董事会中心主义的立法态度,在公司章程对股东会或者董事会的决策职权约定不明的情况下,应当由股东会聘用、解聘承办公司审计业务的会计师事务所。

上市公司董事会聘用、解聘审计机构时要遵守特别的公司治理要求。例如,上市公司审计委员会负责向董事会提议聘请或更换外部审计机构(《上市公司治理准则》第54条)。又如,经全体独立董事同意,独立董事可独立聘请外部审计机构和咨询机构,对公司的具体事项进行审计和咨询,相关费用由公司承担(《关于加强社会公众股股东权益保护的若干规定》第2条第3项)。

公司股东会或董事会就解聘会计师事务所进行表决时,应当允许会计师事务所陈述意见(《公司法》第169条第2款),此即会计师事务所"喊疼"的权利。此制度设计旨在赋予被解聘会计师事务所的意见表达自由,进而使得股东会或董事会了解会计师事务所被解聘的真实原因以及其过错、冤屈之有无,也可使得会计师事务所有机会博得具有正义感的股东或董事的支持,最终激浊扬清,扶正祛邪。

从完善公司治理角度而言,董事会在聘请或解聘担任公司年度财务报告审计机构的会计师事务所时,应当严格遵守公开、公平、公正原则,既要尽量为公司节约审计费用,又要确保审计机构的职业道德、专业水平和服务质量,还要为审计机构之间的公平竞争创造条件。

六、注册会计师的职业操守和职业怀疑

注册会计师在开展审计业务时应当遵守相关的职业道德规

范,恪守独立、客观、公正的原则,保持专业胜任能力和应有的关注,并对执业过程中获知的信息保密;应当遵守会计师事务所质量控制准则;应当按照审计准则的规定执行审计工作。

我国《注册会计师法》第22条禁止注册会计师实施下列行为:①在执行审计业务期间,在法律、行政法规规定不得买卖被审计单位的股票、债券或者不得购买被审计单位或者个人的其他财产的期限内,买卖被审计的单位的股票、债券或者购买被审计单位或者个人所拥有的其他财产;②索取、收受委托合同约定以外的酬金或者其他财物,或者利用执行业务之便,谋取其他不正当的利益;③接受委托催收债款;④允许他人以本人名义执行业务;⑤同时在两个或者两个以上的会计师事务所执行业务;⑥对其能力进行广告宣传以招揽业务;⑦违反法律、行政法规的其他行为。

在计划和实施审计工作时,注册会计师应当保持职业怀疑态度,充分考虑可能存在导致财务报表发生重大错报的情形。职业怀疑态度是指注册会计师以质疑的思维方式评价所获取审计证据的有效性,并对相互矛盾的审计证据,以及引起对文件记录或管理层和治理层提供的信息的可靠性产生怀疑的审计证据保持警觉。

七、会计师事务所的协助调查业务

实践中,许多公司的监事们具有大胆履行监督职责的热情甚至激情。但由于自身财务知识的匮乏,无法将复杂的公司财务状况调查清楚。在这种情况下,监事们只能借助外脑,向会计师事务所求援。但我国1993年《公司法》并未赋予监事会、监事的签单权,致使监事们在事实上无法代表公司聘请专业化的"啄木鸟"到公司"会诊"。

有鉴于此,我国现行《公司法》第54条第2款规定:"监事会、不设监事会的公司的监事发现公司经营情况异常,可以进行调查;必要时,可以聘请会计师事务所等协助其工作,费用由公司承担。"这一规定的突破性意义有二:一是提供了会计师事务所应公司监事会、监事之邀调查公司经营情况的商业机会,进而开拓了会计师事务所的新型业务;二是赋予了监事会、监事的签单权,使得监事会、监事有权名正言顺地代表公司向会计师事务所支付调查费用。这对于扩大会计师行业的市场份额,激活监事会的监督职能,完善公司治理而言都是多赢选择。

八、注册会计师协会的行业自律

根据我国《注册会计师法》第 4 条和第 38 条规定,注册会计师协会是由注册会计师组成的、具有法人资格的社会团体。中国注册会计师协会是注册会计师的全国组织,省、自治区、直辖市注册会计师协会是注册会计师的地方组织。我国《注册会计师法》第 5 章又专门规定了注册会计师协会的自律地位。注册会计师应当加入注册会计师协会。中国注册会计师协会依法拟订注册会计师执业准则、规则,报国务院财政部门批准后施行。注册会计师协会应当支持注册会计师依法执行业务,维护其合法权益,向有关方面反映其意见和建议。注册会计师协会应当对注册会计师的任职资格和执业情况进行年度检查。此外,中国注册会计师协会组织实施注册会计师全国统一考试。

注册会计师协会不仅具有确定注册会计师准入门槛、拟订注册会计师执业准则、规则的职责,而且具有行业自律的职责。自律也是自我服务、自我保护的重要内容。例如,为做好上市公司 2007 年度财务报表审计工作,规范注册会计师的执业行为,保证审计质量,维护公众利益,中国注册会计师协会于 2008 年 1 月 10 日发出《关于做好上市公司 2007 年度财务报表审计工作的通知》。这些自律措施值得肯定。

第四节　公司净利润的分配

一、公司利润分配的概念

公司利润分配有广义和狭义之分。广义上的公司利润分配，是指公司将其利润依法进行分割的整个过程，包括纳税、弥补亏损、提取法定公积金、向股东分配股利等。狭义上的公司利润分配，仅指公司向股东分配股利。

"公司的税后利润，是公司在一定时期内生产经营的财务成果，分为营业利润、投资收益和营业外收支净额。营业利润，指的是公司在核算期内营业收入减去营业成本和有关费用，再减去营业收入应负担的税收后的数额。投资收益，是指公司对外投资取得的利润、股利、利息等扣除发生的投资损失后的数额。营业外收支净额，是指与公司生产经营无直接关系的各项收入减去各项支出后的数额。营业外收入包括固定资产盘盈、处理固定资产收益、罚款净收入等；营业外支出包括固定资产盘亏、处理固定资产损失、各项滞纳金和罚款支出、非常损失、职工劳动保险费支出、法定补偿金等[①]"。

二、公司的利润分配原则

在公司利润分配上，大陆法系和英美法系的做法稍有不同。大陆法系国家的公司立法多采用"无盈不分"的利润分配原则，即将公司存在可分配利润作为股利分配的前提条件，没有利润或盈利就不能分配。同时，要求股东在利润分配之前必须先用税后利

---

① 雷兴虎．公司法学[M]．北京：北京大学出版社，2005，第 316 页

润弥补公司亏损以及按照法律规定提取公积金和公益金。弥补亏损和提取公积金后还有盈余的方可实行分配,我国《公司法》也基本上遵循了大陆法系的这种立法,采取了无盈利不分配的原则。这种分配原则是公司资本维持原则的具体体现,它确保公司在营运过程中的实有资产与注册资本保持基本一致。

英美法系通常采取比较灵活的利润分配原则,这些原则主要有两个:一是股权破产测试原则(Equity Insolvency Test),要求公司"能够支付正常营业过程中发生的到期债务"后才能进行利润分配;二是资产负债表测试原则(Balance Sheet Test),要求股东进行利润分配后,要保证公司负债不得大于公司资产,否则禁止分配。

对于我国而言,公司利润分配主要遵循以下原则。

(一)公司利润应依法提取公积金原则

公司要对其利润进行分配,不但首先要依法纳税,而且在税后还应依法提取法定公积金。按照法律规定,公司的公积金必须按照规定的用途来使用,必须用来弥补公司亏损、扩大公司生产经营,或者是用来增加公司的资本,不能随意乱用。需要说明的是,对于股份有限公司而言,在将公积金转为增加公司资本时,必须经由股东大会的决议,按照股东原有的股份比例来进行增值。没有依法提取公积金而进行利润分配的,必须将违法分配的利润退还公司。

(二)公司利润应依法纳税原则

无论是有限责任公司,还是股份有限公司,都是在中国境内设立的企业法人,对其经营所获得的利润,应首先依法向国家缴纳所得税。依法纳税是每一个公司应尽的法定义务。公司对其年度利润,一定要先向国家缴纳所得税,否则便不能进行利润分配。

(三)按比例分配的原则

公司弥补亏损和提取公积金后,对所余利润,有限责任公司应按照股东的出资比例分配,股份有限公司则应按照股东持有的股份比例分配(公司章程另有规定或全体股东另有约定的除外)。公司不能舍弃这个法定标准而自定分配比例,这是由"同股同权"、"同股同利"的股权平等原则所决定的。公司分配利润时,必须遵守这一法定原则,否则,利润分配就失去其应有的法律约束力。

(四)用当年利润弥补亏损原则

如果公司的公积金不足以弥补上一年度公司亏损,依法应当先用当年利润弥补亏损。这是我国《公司法》的强行规定,股东会或者董事会如果擅自在公司弥补亏损之前分配利润,股东也必须依法将违法分配的利润退还公司。

(五)无盈不分的原则

无盈不分是各国公司法的共同规定;也是我国公司利润分配的法定原则之一。拥有一定的利润是公司向股东分配股利的前提条件。公司当年无利润时,则不得给股东分配,禁止从资本中支付股利。如果允许无税后利润而分配股利,就会导致公司资本在实质上的减少,损害公司及公司值权人的利益,同时,也损害了股东的长远利益。所以,我国《公司法》规定,公司当年无利润时,不得分派股利。

三、公积金制度

(一)公积金的内涵

公积金是指依照法律、公司章程或股东大会决议而从公司的营业利润或其他收入中提取的一种储备金。其性质与资本性质相同,故不少学者称其为附加资本。公积金在资产负债表中被列入负债项下,仅为计算上的一种金额而已,并非提出现金而加以

保管。因此,公司将利润作为盈余而分派给股东的金额减少,公司的财产反而增加。公积金具有如下特征:

(1)一种预备性的备用资金。公积金从公司的现有资金提留,以备将来之用,因而又被称作储备金或准备金。

(2)来源于公司税后利润和其他收入。公积金分为盈余公积金和资本公积金:前者提取于公司税后利润,如公司亏损,则成无源之水;后者提取于依法应当归入公积金的公司收入。

(3)属于公司股东权益的一部分。公积金作为储备资金,对公司的生存和发展意义重大。一方面,公积金具有弥补将来亏损的功能,起到维护公司信用和抵御经营风险的作用,也有助于公司在保持生产经营相对稳定的情况下调整经营政策,尽快扭亏为盈。另一方面,公司必须具备自我积累、自我发展的能力,否则,就会损害自身的竞争力。此外,由于公司与股东在近期与长远利益上可能出现冲突,法律有必要对公司的自我积累做出强制性规定,防止股东因追求股利分配最大化而损害公司的长远发展和公司债权人的利益,这种强制性规定就是公积金制度。公积金制度最早规定于1807年《法国商法典》,之后为多数公司法采用。

(二)公积金的种类

1. 按公积金的来源划分

(1)盈余公积金

盈余公积金,从字面意思上不难理解,它指的是从公司的盈余中留取一部分资金作为公司以后发展的累积资金。按照提取的方式,一般上又将盈余公积金分为法定盈余公积金和任意盈余公积金。

法定盈余公积金。基于法律规定而强行提取的公积金。我国《公司法》第166条第1款规定,公司分配当年税后利润时,应当在所得利润中抽取其中的10%,将其列为法定公积金。法定公积金累计额为公司注册资本的 50% 以上的,可以不再提取。

任意盈余公积金。公司根据公司章程规定或者股东会决议而特别储备的公积金。我国《公司法》第 166 条第 3 款规定,公司从税后利润中提取法定公积金后,经股东会决议,还可以从税后利润中提取任意公积金。任意公积金提取与否,由公司自治,但一经确定,除非变更公司章程或股东会决议,不得随意改变。

(2)资本公积金

资本公积金是指从公司非营业活动所产生的收益中提取的公积金。资本公积金的主要来源有:超过票面金额发行股票所得的溢价收入;公司资产评估后的增值额;处分公司资产所得的溢价收入;因公司合并而接受被吸收公司的财产减去公司因合并而增加的债务和对被吸收公司股东的给付后的余额;公司接受赠与的财产。

我国 1993 年《公司法》在法定公积金之外,还规定了一种法定基金,即法定公益金。法定公益金是指公司从税后利润中依法提取的用于公司职工集体福利的款项。同法定公积金相比,法定公益金的用途单一,是专门针对保护公司职工利益而设置的,只用于职工福利。但是,在实际操作中,存在着大量违规的做法,职工往往无法享受由此带来的好处,公益金制度并未发挥其应有的作用。法定公益金是从企业税后利润中提取,所得税方面不能享受税收优惠,也为其存在及功效的发挥增加了障碍。这一制度备受股东、公司乃至公司职工的抵触。公益金制度的强制性规定,曾经是我国原《公司法》的一大特色,它其实是计划经济时代企业办社会的产物。随着我国社会保障体系的建立与完善,公司职工的社会保障应当通过社会保障体系来承担。法定公益金制度不仅没有满足职工福利的需要,而且给公司以及股东权益带来巨大负担。从各国的公司立法来看,法定公益金制度也不具有普遍性。基于以上多种原因,2005 年《公司法》修订时取消了法定公益金制度。

2. 按是否以法律规定强制提取为标准划分

(1)法定公积金

"法定公积金是指依照法律规定而强制提取的公积金①"。根据我国《公司法》的规定,公司在年终结算时,对当年的税后利润在分配前,应当提取不少于10%的部分作公积金,作为弥补经营亏损和发展的准备金。一旦公司的法定公积金累计额达到公司注册资本的50%,可以不再提取。

(2)任意公积金

"任意公积金是指公司于法定公积金之外,根据公司章程或股东会决议而作为特别储备的公积金②"。公司的当年税后利润在扣除不少于10%利润额的法定公积金后,或者法定公积金已达公司注册资本的50%时,公司的权力机构股东会(股东大会)可以决定再从利润中提取若干份额作为任意公积金。

(三)公积金的作用

公司的公积金用于弥补公司的亏损、扩大公司生产经营或者转为增加公司资本。但是,资本公积金不得用于弥补公司的亏损。法定公积金转为资本时,所留存的该项公积金不得少于转增前公司注册资本的25%。

由于公司的公积金是为了能够更进一步促进公司的发展而提取的,因而在提取并在使用时,必须明确提取部分的具体用途。如果提取出来的公积金用作别的目的,而没有用当初提取时所想要实现的目标来使用,那么这部分资金将很难发挥其预期的作用。不仅如此,同时还有可能损害公司股东或者债权人的利益。依照我国《公司法》的规定,公司公积金的作用主要有以下几点。

---

① 雷兴虎. 公司法学[M]. 北京:北京大学出版社,2005,第314页
② 李东方. 公司法学[M]. 北京:中国政法大学出版社,2011,第253页

1. 扩大公司生产经营

如果公司想要扩大生产规模,也需要投入一定的资金,这部分资金的来源很大程度上就是公司留存的公积金。因为,如果采取募集资金的方式来增加投资,这将在时间上精力上有很大的消耗,同时获得资金的手续有时候会极其复杂,因而付出的成本也会很高,这样做就不太划算。而用公司的公积金来扩大公司的生产或者经营规模,则可避免这些不必要的麻烦。

2. 弥补公司的亏损

商场如战场,沉浮难测。公司作为经济活动中的一个重要组成部分,盈利和亏损总是相伴而生的。如果在公司赢利时,将所获利润完全分光,不留一部分备用资金,那么这个公司很难继续发展下去,当公司出现暂时的亏损时,这种情况的弊端就更加凸现出来。因此,公司在盈利时,就要留出一部分公积金作为储备金,以备不时之需,在公司在亏损时弥补资本的亏空。公积金的留用实际上减少了企业在运营时的风险,能够有效维护公司的信誉,增强其抵御风险的能力。

3. 增加公司的资本

增加公司的资本主要是指增加公司的注册资本。公司在发展到一定的程度时,往往会谋求更长远的发展,而其中的一个方式就是扩大经营规模。这就必然离不开资本的增加。将公积金增加为公司的资本,实际上是增加股东的投资,有限责任公司是按股东出资比例增加其出资额;股份有限公司则按股东所持股份比例来增加其出资额,其中"一种方法是增加公司的股份数,另一种方法是不改变公司的股份数,增加股份面值[1]"。

"资本公积金应用于维持公司的资本充实,依照法律规定,不

---

[1] 雷兴虎. 公司法学[M]. 北京:北京大学出版社,2005,第 316 页

得用于弥补公司的亏损。同时,为保证公司有一定数量的法定公积金用于弥补公司的亏损,法律对将公司法定公积金用于增加公司资本的数量做出了限制①",规定将法定公积金转为资本,所留存的该项公积金不得少于转为资本前公司注册资本的 25%。

四、股利分配制度

(一)股利分配制度的内涵

广义的公司分配包括盈余分配和其他分配。盈余分配的表现形式就是股利分配(distribution of dividend),即对未分配盈余的分配,俗称分红。其他分配(other distributions),指法律许可范围内的资本分配与剩余分配。资本分配(capital distributions),指对公司资本的分配,原则上公司资本不能被分配,除非法律特别许可;剩余分配(liquidation distribution),是对公司清算后剩余财产的分配。

股利分配是公司财务会计的重要内容.关系到公司、股东、管理层、债权人等利害关系人的切身利益,这些利害关系人之间的利益不一致,甚至存在冲突。股利分配是对股东投资的回报,主动权掌握在股东手中,从股东的利益出发,如任由股东确定股利分配方案,则可能出现有利于己的短期行为,不利于公司的长远发展,损害其他利害关系人的利益。这要求股利分配制度必须平衡这些利益冲突,保障各方利益。所以,股利分配不能任由股东自治,法律对其有所规制。

股利分配的对象是可分配利润。依据税法,公司以本年度利润总额为计税依据上缴企业所得税后,形成税后利润,即公司净利润。但税后利润并不等于可分配利润。我国《公司法》第166条规定:如果公司上一年度发生亏损,而法定公积金又不足以弥

---

① 雷兴虎. 公司法学[M]. 北京:北京大学出版社,2005,第316页

补的,税后利润首先应当弥补亏损;如果无须弥补亏损或者弥补亏损后还有剩余,则应当提取法定公积金,还可以提取任意公积金;提取公积金的剩余部分才是可以用作分配的利润(如果股份公司设置优先股的,在提取任意公积金之前分配优先股股利)。可见,可分配利润属于税后利润的范畴,但不等同于税后利润。

在此,从公司的角度,股利就是公司依照法律、章程的规定,以一定的数额和方式分配给股东的税后利润;从股东的角度,股利就是股权投资收益。在国外,股利分为股息和红利,二者的区别在于:股息按招股说明书或公司章程预先确定的利率来分取,在分配顺序上先于红利;红利没有固定的利率和数额,依公司盈余情况确定。我国公司法没有这一划分,统称为股利或红利。

(二)股利分配制度的形式

从世界范围来看,股利的分配一般采用现金形式支付,也可以采用财产形式分配,还可以采用股份形式分配。实务中,负债分配形式也属常见。可见,股利分配形式主要有四种:现金分配、股份分配和负债分配。

1. 现金分配

现金分配通常也被称为现金股利,根据字面意思不难理解,现金分配指的是公司以现金形式向股东派发股利。现实的经济活动中,现金分配是比较常见的一种股利分配形式,比较受大众的欢迎。一般而言,上市公司更加青睐这种方式。之所以受到它们的青睐,是因为这种分红方式所带来的利益是能够直接看得见的,这种方法简便易行,在西方国家比较常见。但是在确定派现比例时,公司与股东之间往往存在矛盾。

2. 股份分配

(1)股票股利

股票股利(Share dividend/Stock dividend),是指上市公司以

本公司的股票代替现金作为股利向股东分红的一种形式,它是公司以发行新股的方式实现的。股票股利俗称"送股"、"送红股"或者"派股"。送股是由股利转增资本或盈余公积金转增资本形成的,属于无偿增资发行股票,其实质是以盈余转作资本。送股时所送的股票是按照股东手中所持有的股份比例分派的,因而,对于每位股东而言,他们拥有的权益不会发生变化。由于股票股利须通过发行新股的方式去实现,所以需要遵守公司法或者证券法上关于发行新股的程序。根据我国《公司法》的规定,发行新股需要经过股东特别会议做出决议。

(2)股份分割

股份分割(Share split),或称为股份拆细,是指通过成比例地降低股票面值而增加股份的数量。股票股利与股份分割在经济效果上并无差异,但二者在会计上的处理则是不同的。在股票股利的情况下,股票的面值不发生变化,但是在股票拆细时,股票的面值减少了。例如,在 2∶1 的股票拆细时,普通股、追加实缴资本以及留存收益账户余额都保持不变,唯一变化的是普通股的每股面值比原先降低了一半。股份拆细与股票股利一样,均不消耗公司资产。采用这种方式的直接目的在于解决现金分配的困难。由于股票的票面价值记载在公司章程之中,因此,在采用股票分割方式分配股利时,须修改公司章程。修改公司章程须经股东特别会议做出决议。

3. 负债分配

公司向股东支付股利时,将现金替换为应付票据或发行债券的分配形式就是负债分配。负债股利是负债分配的又一说法。在负债分配中,股东持有应付票据或债券,对公司享有债权。股东虽然没有从负债分配中得到直接的现金收益,然而对股东来说,他是利息的获得者,到期即可收回本金,完全可以实现投资目的,因为其对公司享有债权。

第七章　公司变更纠纷理论与实务

公司组织变更,包括公司组织形态的变更、公司分立、公司合并、公司清算和终止解散等活动,具有突出的实务性特点,也是发展最快的一个公司法制度领域。

第一节　公司的合并制度

公司的合并是企业经营过程中,比较常见的一种变动,企业通过合并能够扩大经营规模,增强市场竞争力。为了保证不同主体的利益,我国《公司法》对公司合并的内容进行了详细的规定。

一、公司合并的内涵

从法律意义上来说,公司的合并也可以称为"存续合并",具体来说是指两个或者两个以上的公司,按照我国公司法的相关规定在经济关系和组织结构上合并为一个公司的法律行为。在法律上,在多数情况下我们可以将"合并"与"改组""收购""兼并"等概念进行相同的理解,并且在实际应用中可以相互代替使用。

二、公司合并的法律特征

关于公司合并的法律性质,在理论上存有不同的解说。

(1)人格合一说。此说认为合并是公司之间的一种组织法上的特别合同,作为合同的效果,产生包括继承"解散公司"的权利义务和收容其股东的法律事实。此种解说为多数说,它强调了合并行为的"特别合同"性质及其组织法上的法律后果,使"合并"行为与"收购"行为的法律性质得以区分。

(2)现物出资说。此说认为合并是将"解散公司"所有营业作为现物出资而实施的存续公司的新股发行或新公司设立的法律行为。此说强调了"资产结合"这一特征,但在一些情况下被"解散公司"的资产未必都为正值,当资产为负资产时就很难将"解散公司"的合并行为认定为"出资"。

(3)社员非现金出资说。此说认为合并是"解散公司"股东将其持有股份作为现物出资标的物向存续公司或新设公司出资的法律行为。此说与现物出资说差异并不大,其不同点是将"解散公司"的出资形式由"现物"改为了"股份"。[①]

无论在法理上对公司合并的性质做出如何解说,我们都可以从公司合并的诸多特点中概括出以下几方面的基本法律特征:

(1)公司合并是一种具有组织法(团体法)特征的合同。因为公司合并不仅仅是一种公司组织的变更,同时还是合并各方为实现"人格合一"而进行的一种交易即公司合并各方必须通过签订公司合并协议来完成合并。

(2)公司合并虽然会发生原有公司人格消灭的法律后果,但由于存续公司或者新设公司要以概括承受的方式取得"解散公司"的全部财产和债权债务,所以公司合并无须经过清算程序。

(3)由于公司合并既涉及公司组织的变更,同时又涉及公司的交易行为,所以公司的合并必须依照法律程序进行。

公司合并的经济意义是为了实现公司的紧密联合,强化公司的竞争实力和在更大的规模上配置公司的资源。

[①] [日]末永敏和著;金洪玉译. 现代日本公司法[M]. 北京:人民法院出版社,2000,第239页

三、公司合并的形式

公司在进行合并时,根据自身的条件和未来发展的需要,可以采取不同的形式。通常,根据公司合并前后存续状态的不同,将公司合并分为吸收合并和新设合并。我国的《公司法》第172条也规定:"公司合并可以采取吸收合并或者新设合并。"

(一)吸收合并

《公司法》第172条第2款规定,一个公司吸收其他公司为吸收合并,被吸收的公司解散。吸收合并即狭义上的兼并,又称为存续合并,是指两个或两个以上的公司合并后,其中一个公司吸收其他参与合并的公司而继续存在,而其他公司主体资格同时消灭的公司合并。在这种合并中,存续公司仍然保持原有公司名称,而且有权获得被吸收公司的财产和债权,同时也有义务承担被吸收公司的债务。这种继续存在的公司为存续公司,由于合并而失去法人资格的公司为消灭公司或者被兼并公司。从法律形式上讲,吸收合并可表现为"甲公司+乙公司=甲公司",也就是经过合并,甲公司作为实施合并的公司仍具有法人地位,但乙公司作为被合并公司已丧失法人地位,成为甲公司的一部分,即甲公司兼并了乙公司。此法律关系的变化如图7-1所示。

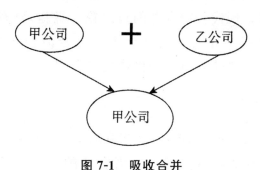

图7-1　吸收合并

(二)新设合并

《公司法》第172条第2款规定,两个以上公司合并设立一个新的公司为新设合并,合并各方解散。新设合并,又称为创设合并,是指两个或两个以上的公司合并后,成立一个新的公司,而参与合并的原有各公司均归于消灭的公司合并。在这种合并中,新设立的公司是在接管原有公司的全部资产和业务的基础上设立的。在这种情形下,被合并公司的法人资格均发生消灭并产生一个新的公司。从法律形式上讲,它表现为"甲公司+乙公司=丙公司",丙公司为新设立的法人企业,甲、乙公司则丧失其法人资格。在新设合并中,新设立的公司具有新的公司名称,新设立的公司概括承受消灭各方的全部资产和负债,参与合并的各公司的股份转化成新公司的股份。新设合并如图 7-2 所示。

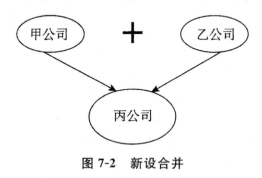

图 7-2 新设合并

(三)公司实务中几种公司合并的操作技术

在公司实践中,无论是吸收合并,还是新设合并,都离不开具体的操作技术。现代公司合并的技术花样翻新,已有术语已经无法完全表现公司合并实际的交易方式或者说合并的操作技术。故在此只能就一些较为典型的操作技术介绍。

1. 现金合并

现金合并(Cash merger),是指在合并中,消灭公司的股东被要求接受现金作为收购其股份或者资产的对价。所以这里分两种情形。

(1)以现金购买股份,即允许存续公司向消灭公司的股东支付现金,从而"买断"(Cash out)该公司股东的股份,存续公司成为消灭公司的股东。

（2）以现金购买资产，即存续公司以现金购买消灭公司的全部资产，包括债权和债务。消灭公司失去其全部资产，同时获得存续公司向其支付的现金。消灭公司解散，债权债务全部转移，无须清算。消灭公司的股东依据其在原公司里的股份分取出售公司资产所得的现金。

2. 易股合并

易股合并（Share exchange merger），是指在合并交易中，消灭公司（Disappearing corporation）的股东接受存续公司的股份作为合并对价的合并。即在公司合并交易中，被合并的公司的股东被要求接受合并公司的股份作为其原先公司股份的对价。在这种合并中，合并完成后，消灭公司的股东接受存续公司的股票而成为存续公司的股东。

3. 母子公司合并

现代许多吸收合并主要是通过母子公司之间的合并交易来完成的。母子合并（Parent-subsidiary merger），可分为两类情形：

第一类是上游合并与下游合并。①将子公司并入其母公司称为"上游合并"（Upstream merger），上游合并的目的主要是为了取得对该子公司的完全控制权。②将母公司并入子公司称为"下游合并"（Downstream merger），下游合并有多种用途，可以用来实现不同的目的。常见的用途是其可以作为一种改变公司注册地或管辖地的手段。例如，某公司决定将其注册地迁移到一个更适合公司发展的地点就可以利用该地已有的全资子公司，或者先期新设一家全资子公司，然后采用下游合并方式将该公司归入其子公司，并以等额方式将该公司的股份转换为子公司的股份。

第二类是长线合并与简易合并。如果甲公司长期持有乙公司的控制股份，而现在甲公司要将乙公司合并，即为"长线合并"

(Long-term merger);如果甲公司持有乙公司 90％以上股份,而现在甲公司与乙公司合并,为"简易合并"(Short-form merger)。

4.两步合并

所谓"两步合并"(Two-step merger),是指在公司收购中,收购公司通过收购第一步先取得目标公司的全部股份或者控股股份,从而使目标公司成为收购公司的全资或者控股子公司,之后收购公司再将该公司予以合并。两步合并的好处是:首先,可以减少程序上的障碍,如果收购公司取得了目标公司 90％以上的股份时,则可以采用简易合并程序。如果收购公司取得了目标公司的控制股份,收购公司可以改组目标公司董事会,经过改组的目标公司董事会自然会同意与收购公司合并。其次,由于收购公司的最终目标是在第二步通过合并方式实现的,因而大大降低了公司运作的成本。合并的成本必然低于收购的成本,因为合并一般都是在存续公司的绝对控制之下完成的。

四、公司合并的基本原则

(一)公司合并不得形成垄断

如果公司的合并超过一定的规模,形成垄断,将破坏市场的效率,损害消费者的利益,违反垄断法的规定,将不被允许。当然,是否构成垄断应由反垄断的主管部门来判断。因此,有关合并的立法应增加合并的反垄断行政审查的内容,以保证合并的积极效果。

(二)特殊行业合并的限制

涉及国计民生的重要行业公司的合并,如银行、保险、信托、铁路、航空、电力、煤气、邮电、特殊资源等行业公司的合并,必须经过政府主管机关的审批。

（三）保护公司股东、债权人和雇员利益

公司合并必然会涉及股东、债权人及员工的利益，但是合并中的公司必须要依法保护股东、债权人及员工的利益，尤其是雇员的利益。如瑞典法律规定，如果公司合并将导致公司雇佣条件发生重大变化的，工会有权就合并事宜行使共同决定权。

五、公司合并的程序

公司合并涉及公司的解散、变更和设立等一系列行为，事关所有合并中公司的股东、债权人及公司本身的切身利益，为了保护各方的合法利益，我国《公司法》规定公司的合并必须依照法律规定的程序进行。

（一）由合并各方的法定代表人草签合并协议

一般应由合并中公司的董事会与相关公司的董事会进行接触、沟通、协商，以达成合并的共识，并就合并的事项形成协议，由公司的法定代表人或者被授权代表草签协议。因为公司合并是公司股东会决议事项，故在股东会形成决议之前，协议不具有最终的法律约束力。

（二）股东会做出合并决议

股东会将根据自身的情况及董事会提交的合并方案，做出合并的决议。公司合并事关股东的重大利益，将决定公司的命运走向，根据我国《公司法》的规定，合并事项必须经股东会特别决议通过。一般，在公司代表人与合并方达成合并的意向或者草签了合并协议后，应将相关协议提交股东会，以供股东会决策参考。不同意合并的有限责任公司的股东可以请求公司按照合理的价格收购其股权。股份有限公司的股东也可以因对股东大会做出的公司合并（或者分立）决议持异议而要求公司收购其持有的股份。

（三）正式签订合并协议或者确认合并协议效力

视公司代表人与合并的他方草签协议的内容是否具体将采取不同的行为，如果只是合并意向，则公司代表应与相关方进行谈判，以确定合并协议的具体内容，在形成共识后，签订合并协议；如果草签协议内容已很齐备，该协议是附生效条件的法律行为，则只要股东大会做出合并的决议或者确认该合并协议，协议即时生效，其效力得以确认。

（四）编制资产负债表及财产清单

公司决定合并时，公司的董事会或者执行董事应当编制公司资产负债表及财产清单，以备合并中使用。

（五）通知或者公告债权人

债权人是股东以外向公司提供资产的最重要相关方，而且债权人的利益在公司法上优于股东，这是由两者对公司经营的利益享有和风险承担不同所决定的。为了保护债权人的利益，各国公司法均在公司合并中强调依特别程序及债权优先原则对债权人施以保护。我国《公司法》借鉴这些规定，以保护公司债权人的利益不因公司的合并而受到消极影响。我国《公司法》第173条规定，公司合并，应当由合并各方签订合并协议，并编制资产负债表及财产清单。公司应当自做出合并决定之日起10日内通知债权人，并于30日内在报纸上公告。债权人自接到通知书之日起30日内，未接到通知书的自公告之日起45日内，可以要求公司清偿债务或者提供相应的担保。

（六）实施合并

在完成了对债权人的催告及相应的保护措施后，合并中的公司即可实施合并。根据合并的种类不同，相关方进行资产的合并及财产的转移。实施合并是合并中最复杂、涉及相关股东权益的活动,主要涉及资产的价值认定、股东权及股份的量化与确认、股份的转换标准等。

（七）办理相关合并登记手续

在完成上述程序后,公司应当进行相应的登记手续。根据不同的情况,可以分为三种情形:公司合并后解散的应当到工商行政管理部门办理注销登记手续;存续公司应当到工商行政管理部门办理变更登记手续;新成立的公司应当到工商行政管理部门办理设立登记手续。

六、公司合并的法律后果

（一）参与合并公司法人人格或者人格要素的变化

依据公司合并情形不同,公司法人人格或者人格要素发生了变化,这可以分为三种情形:一是公司人格的消灭。在吸收合并的场合,被吸收的公司被吸收进存续公司,其法人格消灭,同时存续公司的资本、股东等法人格要素发生变化;新设合并中,原来的所有公司因合并而解散,故它们的法人格消灭,同时新设立公司的法人格产生。

（二）存续公司及后成立的,公司对消灭公司的权利义务概括承受

存续公司及后成立的公司对消灭公司的权利义务须概括承受。所谓概括承受是指不仅对先前公司的积极财产要承受,对消极财产也要承受,即对自己有利的权益要承受,对自己不利的债务也要承受。

（三）股东身份的变化

股东身份的变化是指被吸收公司原股东及被解散公司原股

东由合并获得存续公司或者新设公司股东的身份。

七、对利害关系人的保护

公司合并作为重大的公司活动,涉及公司内、外部各利害关系人的利益,公司法有必要规定对利害关系人的保护措施。

(一)保护债权人

公司合并涉及公司资产的重新配置,直接关系到公司债权人利益。各国公司法保护债权人的措施主要有以下几方面。

1. 告知制度

在合并过程中合并各方有义务向各自的债权人告知合并事实,债权人享有合并的知情权。告知的效力在于,当债权人收到告知后,如果未能在规定的期限内对公司合并提出异议,则丧失异议权。《公司法》第 173 条规定了合并的公司应当向债权人履行告知的义务,并涉及告知时间和告知方式,但没有具体规定告知的内容、告知的效力以及违反告知义务的民事责任(其第 204 条规定了行政责任)。

2. 债务法定移转制度

合并的公司未清偿的合并前的债务,按照《公司法》第 174 条、《合同法》第 90 条,由合并后存续的公司或者新设的公司自动承担。

3. 债权人异议制度

债权人依法要求公司在合并前清偿债务或提供债务担保,是公司合并中债权人保护的核心内容。背景是:在公司合并中,债权人不能参与合并表决,对于公司股东会决议的合并计划,债权人不能阻止。所以赋予债权人事后的异议权,提供底线式的保护。

(二)保护少数股东

少数股东虽然可以参与公司合并决议的表决,但难以阻止多数股东的合并意思,故公司合并同样涉及对少数股东的保护问题(minority shareholders protection)。关于对公司合并持异议的少数股东,公司法设有四项保护措施。

1. 阻止决议通过

第一,合并交易须得到各方股东会的特别决议通过,实际上赋予了单独或者联合持有股份超过三分之一的股东拥有对合并决议的否决权;第二,种类股份作为单独的表决权集团进行表决,那么该种类股份实际上也拥有对合并决议的否决权;第三,公司章程也可以约定保护少数股东的措施,如多数股东的表决权限制、关联股东的表决权排除制度等。

2. 异议股东股份回购请求权

对股东会关于公司合并、分立的决议持有异议的股东,可以请求公司以公正价格收购自己所持股份。《公司法》第74条、第142条规定了这一制度。

3. 多数股东的诚信义务

《公司法》第20条规定的股东诚信义务适用于公司合并场合,典型地适用于排挤合并。由于某种原因,控制股东可能对与少数股东共存的局面不满意,因此,可能采取某种措施将后者排挤出去。这种策略被称为"排挤式"(freeze-out)合并。这就引出一个问题:这些合并交易只要遵守了法定的程序要件就可以成为有效的交易呢? 还是在将这些交易强加给反对股东时还需要适用某种实质上的公平标准接受司法审查? 早期法律的立场是,法律不应当评判合并的主观动机,如果合并遵守了适当程序且为少数股东提供了某种保护措施,如为异议股东提供了股份回购权,该交易就是有效的。但现代公司法认为,仅仅遵守法定程序还不够,还应该适用公平标准对该交易的公正性进行司法审查,以达到对受到排挤的少数股东进行救济的目的。

4. 对股东的信息披露

为了防止多数股东的"暗箱操作",各国公司法对公司合并的信息披露做出要求。《公司法》对公司合并的相关信息披露没有作专门的规定。

(三)保护职工

职工也是公司合并中应当着重保护的弱势利益群体,公司合并、分立中,如忽视保护职工利益,往往容易引起社会局部甚至较大范围的动荡,所以许多立法重视对公司合并中的职工利益保护问题。我国现行法有关公司合并中的职工利益保护的内容包括如下。

1. 职工的建议权和监督权

《公司法》第18条第3款规定:"公司研究决定改制以及经营方面的重大问题、制定重要的规章制度时,应当听取公司工会的意见,并通过职工代表大会或者其他形式听取职工的意见和建议。"此处的"改制以及经营方面的重大问题",包括公司合并、分立事项。

2. 职工安置

《劳动合同法》第34条规定,"用人单位发生合并或者分立等情况,原劳动合同继续有效,劳动合同由承继其权利和义务的用人单位继续履行"。据此有理由认为,公司合并时应当负有妥善安置职工的义务。

第二节　公司的分立制度

一、公司分立的内涵

公司分立是指一个公司依照法律程序在经济上和法律上分为两个或两个以上公司的法律行为。我国《公司法》虽然第9章对公司分立做出了规定,但亦未明确规定"公司分立"的概念。公司分立与公司合并一样均为公司组织的变更,只不过公司合并是一种公司的结合,公司分立是一种公司的分割。许多国家的相关立法都确立了公司的分立制度。

二、公司分立的法律特征

公司分立的法律性质表现在以下三个方面。

(1)公司分立是公司实施的一种具有组织法特征的法律行为,公司分立会产生公司人格的分割。

(2)公司的分立虽然也可能涉及合同关系(如当涉及分立前的债务承担时或者当公司实施合并分立时),但由于大部分情况下分立都是在原公司内部进行的,所以公司分立更多地体现为公司自身的一种计划(分立计划),而不主要体现为一种合同。此点是公司分立与公司合并的主要不同。

(3)公司分立虽然是按照公司的分立计划进行的,但分立计划的制定、表决以及分立程序的履行均须依照法律的规定进行,所以公司的分立也是一种法律行为。

公司分立的经济意义是为了更好地实现公司的产业化和专业化分工,提高主体的运营效率和调整公司的组织形式及资本结构。

三、公司分立的形式

（一）新设分立

新设分立，又称解散分立，是指一个公司分解为两个或两个以上的公司，原公司解散的分立方式。在新设分立的情况下，原公司需要办理注销登记，新设公司需办理设立登记。新设分立如图7-3所示。

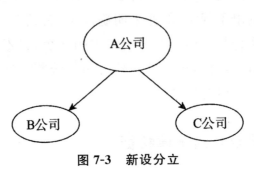

图7-3　新设分立

（二）派生分立

派生分立，又称存续分立，是指一个公司分解为两个或两个以上的公司，原公司继续存在，并另外设立一个或一个以上新公司的行为。在派生分立的情况下，原公司虽然继续存在，但却减少了注册资本，需办理变更登记，派生出的新公司则应办理设立登记。派生分立如图7-4所示。

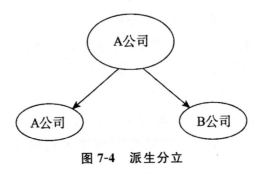

图7-4　派生分立

新设立和派生分立通常被称为单纯分立。此外,有些国家和地区的公司法还规定了一种较为复杂的分立形式,称为合并分立,它是指一个公司以其资产的一部分或分成若干份的全部资产,同另一个或几个公司的部分资产共同成立一个或几个公司。我国公司法没有具体规定公司分立的方式,在公司实践中以公司单纯分立为主要分立方式。

四、公司分立的程序

公司分立涉及多种法律关系的变动,因此与公司的股东和债权人以及员工有着密切的关系,其所有程序都必须按照我国法律的规定严格进行。公司的分立从形式上看是一种独立的个体行为,不需要与第三方进行协调,这一点也是公司分立与合并的最大差异之处。一般而言,分立后的公司组织形式应与分立前相同,有限责任公司分立后,其新设或存续的公司应为有限责任公司。股份有限公司分立,分立后的公司可以是股份有限公司,也可以是有限责任公司。

（一）股东会决议

公司分立属于重要的经营决策,因其与股东和债权人的利益紧密相关,在决议时应该按照我国公司法的相关规定由股东大会投票确定。我国《公司法》规定,"有限责任公司的分立必须经代表三分之二以上表决权的股东通过;股份有限公司的分立必须经出席会议的股东所持表决权的三分之二以上通过,通过程序与合并相同。"对于国有的独资企业来说,其分立应该在国家资产管理监督机构的监督之下进行,如果是重要国有独资企业的分立,还需要经过政府部门的批准。

分立协议的内容主要有:分立后存续公司或新设公司的名称;分立的条件;资产的划分及归属;有关存续公司章程更改的说明以及新设公司的安排;其他条款。

（二）通知和公告债权人

对债权人来说，公司的分立无疑会造成公司财产状况和债务状况的变化，而这些变化对债权人的收益方式和收益额度有着重要的影响。从这方面来说，如果公司做出分立决议，应当在决议日算起的 10 日内通知债权人，并且要在 30 日内在报纸上对次决议进行公告。

（三）由分立后的各公司代表签署内部分立协议

公司分立的决议经公司股东大会讨论确定之后，各个分公司的代表要根据股东大会的相关决议，对公司的债务、资产以及股权等进行分割，并严格按照我国法律的规定执行相关程序。

一般来说，公司的分立决议的主要内容由以下几个部分构成。

（1）原公司的全称、地址以及续存公司、新设分公司的全称、地址。

（2）原公司的财产状况、债务状况以及分割处理办法。

（3）存续公司、新成立分公司的股份总数、种类，如果要发行股票还要确定发股的具体数量。

（4）原公司的债券处理，如新公司应向债权人开具新股票或者股票的持有证明。

（5）分立执行实施的具体日期。

根据我国法律的规定，这一协议应该在协商一致的原则之上达成，任何采用非正常手段破坏决议公平性与合理性的行为都是不合法的，该决议一经确立便受到法律的保护，其相关条款的执行由国家强制力保证。

（四）编制资产负债表及财产清单

公司的分立往往伴随着资产的转移和财产的分割，这是由公司分立的基本经济学属性所决定。我国法律并没有对在公司分立的过程中财产分割的方式和数额进行具体的固定,一般来所具体的分配方式和分配额度都是由股东大会讨论决定的。因此,为了保证各个收益人的合法权益,在公司财产分割的过程中,要根据股东大会的决议结果编制原有单位的资产负债以及财产清单。

（五）申请登记

原公司在分立成不同的分公司后,新公司的股东、资产和负债都会发生很大的变化,对这些变化的资产和权益要素新公司要进行确认并依法进行主体变更登记。对于那些分立又解散的公司,还要及时办理企业注销并及时进行注销登记。登记完毕后,要办理相应的公告,其目的是告知公众。

五、公司分立的法律效果

（一）公司的注销、设立和变更

在公司新设分立中,原公司解散,其法人资格归于消灭,无须经过清算即可进行注销登记,同时产生两个或两个以上的新公司,新设立的公司应重新制定公司章程、召集创立大会,办理相应的设立登记手续;在公司派生分立中,原公司的相关登记事项发生变化,也无须经过清算即可进行变更登记,并产生新的公司人格——分立出来的公司,新公司需经过设立登记方能成立。

（二）公司权利义务的概括承受

公司按照法定的条件和程序分立,在新设分立中,原公司将被注销,因此其权利义务一并转移给分立后新设立的公司;在派生分立中,分立后存续的公司与新设立的公司对原公司的债务承担连带责任。但是,公司在分立前与债权人就债务清偿达成的书面协议另有约定的除外。正如《公司法》第 176 条之规定:"公司分立前的债务由分立后的公司承担连带责任。但是,公司在分立前与债权人就债务清偿达成的书面协议另有约定的除外。"换言之,公司分立后的债务承担的法定方式是由分立后的公司承担连带责任,但此连带责任可由公司在分立前与债权人通过协议的方式排除。此规定体现了公司分立对债权人利益更为切实有效的法律保护。

(三)公司股东资格的当然承继

公司依法分立后,拟分立公司的股东,可按照分立协议的有关规定,转化成为分立后新设公司或者存续公司的股东;而不同意公司分立的股东,有权请求公司按分立时的公平价格收买其持有的股份,从而放弃分立后新设或存续公司的股东资格。所以公司股东在公司分立时,其股东资格原则上并不会因此而消失,多数情况下只是发生股权变动。

六、公司分立中对利害关系人的保护

从表面看,公司分立是一个公司可以自主决定的事项,不涉及其他的主体。但作为公司重大事项的变更,其对公司利害关系人,如公司债权人、中小股东以及职工等主体的利益会直接产生重大影响。

(一)公司分立中对债权人利益的保护

由于公司分立直接涉及公司资产总额的减少,从而直接威胁到债权人的债权实现利益。在实践中,还存在一些公司为了恶意逃避债务而通过公司分立的形式转移、隐匿资产。在公司分立的过程中,保护债权人利益的主要措施如下。

1. 保障债权人的知情权

我国《公司法》第175条规定,公司应当自做出分立决议之日起 10 日内通知债权人,并于 30 日内在报纸上公告。这是债权人享有的法定知情权,另外,《公司法》第 204 条也规定了公司分立时不依法通知或公告债权人的,应当承担相应法律责任,这是对债权人的知情权的法律保障。

2. 连带责任制度保障债权人利益

公司分立之后,如果只能允许债权人向分立后的一个或其中几个公司请求债权,显然对债权人不利,对于这种情况,各国立法一般都通过连带责任制度以保障债权人的债权。《公司法》第 176 条规定,公司分立前的债务由分立后的公司承担连带责任。这一制度致使公司无论如何分立,资产如何分配,债权人都可以向任何分立后的公司请求债权,而他们之间相互承担连带责任。在这里需要注意的是,《公司法》第 176 条还规定,公司在分立前与债权人就债务清偿达成的书面协议另有约定的除外,也就是说在这里约定大于法定,如果债权人与公司之间达成了协议,则按照该协议清偿债务。对此,我国《合同法》第 90 条也规定,当事人订立合同后分立的,除债权人和债务人另有约定的以外,由分立的法人或者其他组织对合同的权利和义务享有连带债权,承担连带债务。

(二)公司分立中对中小股东利益的保护

公司分立中对中小股东利益的保护,主要是通过保障中小股东的知情权、表决权和异议股东回购请求权等来实现的。我国《公司法》第 40、75、104、143 条对保护中小股东在公司分立时的权利做出具体规定。

(三)公司分立中对职工利益的保护

与公司合并一样,在公司分立过程中,职工的利益也很容易受到损害。其保护内容与公司合并中的职工利益保护相似,对此本章第一节已有详细论述,故在此不再赘述。

七、公司分立司法实务

南方泵业公司分立案[①]

　　杭州南方特种泵业有限公司(以下简称南方泵业公司)主要经营不锈钢冲压焊接离心泵及无负压变频供水设备等的研发、制造和销售,且南方泵业公司分立前持有杭州之春绿色食品有限公司90%股权和杭州万达钢丝有限公司78.125%的股权。杭州之春绿色食品有限公司经营范围为加工销售鱼干、销售农副产品,而万达钢丝主要从事钢铁线材拉丝、酸洗业务,该两公司营业与南方泵业的主营业务关系并不紧密。南方泵业公司为突出主营业务、集中人力和财力发展不锈钢冲压焊接离心泵的研究、生产和销售业务,决定通过公司分立来处置上述与主业经营不相关的股权。经公司临时股东会决议,采取存续式分立的方式,将南方泵业公司分立为南方泵业公司与杭州金润投资有限公司。分立前南方泵业公司对于杭州之春绿色食品有限公司以及杭州万达钢丝有限公司的持股权益划转归入新成立的杭州金润投资有限公司。分立前南方泵业的注册资本5700万元拆分为南方泵业5200万元并划转500万元作为杭州金润投资有限公司的注册资本。原南方泵业殴东对于公司所享有的股权,在分立后,按照原有持股比例分别持有南方泵业公司以及杭州金润投资有限公司的股权。南方泵业公司分立示意图如图7-5所示。

　　本案中,南方泵业公司即采取存续式分立的方式,突出公司主营业务。分立后的南方泵业公司主要经营不锈钢冲压焊接离心泵的研究、生产和销售业务,经过改制,变更为杭州南方特种泵业股份有限公司,并成功在创业板上市。因公司分立前后,股东及股权结构均不发生变化,未涉及异议股东股份回购的问题,故公司分立在操作上较为简便。

---

　　① 云闯. 公司法司法实务与办案指引[M]. 北京:法律出版社,2014,第183页

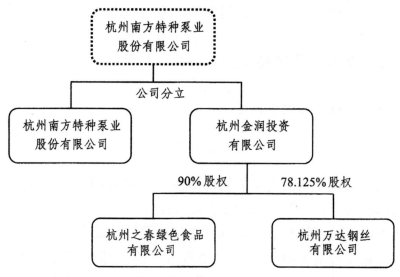

图 7-5　杭州南方特种泵业有限公司分立示意图

第三节　公司的清算制度

一、公司清算的概念

公司清算有广义、狭义之分。广义的公司清算是指公司的解散清算和破产清算,此二者发生的前提完全不同,在内容和程序上也存在重大差别。狭义的公司清算乃指其中之一种,但通常指解散清算。由于在公司的合并与分立中,二者虽然是公司的解散事由,但是其债权债务发生概括转移的效果,所以无须进行清算;公司被宣告破产后虽然要进行清算,但是其需要适用专门的破产程序,称为破产清算,即破产管理人必须按照破产法的规定在法院的主持下进行清算。因此,本节所谓的公司清算仅指狭义的公司解散清算。另外,由于我国采取"先解散后清算"的模式,故公司清算的定义,是指公司解散后,清算组依法对公司的财产和债权债务关系进行清理、处分和分配,从而消灭公司法人资格的一种法律行为和法律程序。民间亦称之为公司清盘。

二、公司清算的特征

公司清算具有以下特征。

（一）清算是公司终止的必经程序

当公司由于法定事由的发生而面临解散时，就会进入清算阶段，在这一阶段公司的法人资格仍然存在并且不会发生变化，但是企业的经营范围和业务范围比之前会受到一定程度的限制，具体来说就是与清算活动无关的经营活动都会都到限制。由于法律规定和历史传统的差异，各国在立法中对公司清算的程序做出了明确的规定，其作用是可以有效地防止董事、股东或者其他具有决策权的人对公司的财产和债务做出损害多方利益的行为，此外还可以防止公司在清算时隐匿财产，逃避自己的债务，对其他公司或者个人的合法利益造成损害。从这些描述和介绍中我们也可以看出，公司的清算是一个涉及多方利益的关联性事件，必须按照我国法律规定的程序进行。

（二）清算期间，公司的代表机构为清算组织

公司董事会不再依职权代表公司，而改由清算组接管公司的财产和事务，负责处理相关破产事宜和对外代表公司进行诉讼活动。公司的印章、财务文件等均由清算组接管。公司股东会、监事会等机构在清算事务范围内行使原有职权。

（三）清算期间，公司的权利能力、行为能力受到限制

在企业清算过程中，公司只能经营与清算行为相关的业务，其他业务或者新的业务不能进行，因为按照我国法律的规定企业清算期间，企业的全部活动都是围绕公司的现存的法律关系来进行的，如分割剩余财产、处理现存债务关系等行为。公司清算是

一个非常严肃的法律行为,其过程必须要按照我国法律的规定严格进行,任何不符合法律规定的行为都可能会对利益主体的合法权益造成损害。《公司法》第186条第3款明确规定"财产清算期间,公司存续,但不得开展与清算无关的经营活动。故处于清算阶段的公司通常被称为"清算法人"或"清算中公司"。

（四）以维护主体利益为目的

公司清算的目的是通过终止公司的法人资格来保护相关的利益主体不再因为经营行为而遭受更大的损失,或者避免损失的发生。公司清算其显著的法律后果就是公司权利义务关系消灭,企业的法人资格最终被终止。当然企业的清算只是法律用来保护利益主体,平衡不同主体之间利益关系的一种手段,而不是目的。试想一下,如果法律没有对公司清算进行强制规定,如果企业经营一旦发生问题,那么不同的利益主体之间必然会为了减小自己的损失而采取各种损害其他主体的行为,公司会陷入混乱和纷争的无序状态,这无论是对稳定是市场秩序还是对发展经济都是不利的。

三、公司清算的种类

公司清算可以从多种角度进行分类,国外公司法及学理上一般把公司清算分为任意清算和法定清算,同时又将法定清算分为普通清算和特别清算。而我国《公司法》只规定有法定清算。其主要原因是一般国外公司法,特别是大陆法系国家公司法规定的公司法定类型,除了股份有限公司和有限责任公司外,还有无限公司和两合公司,这些公司的股东互相信任,所以法律允许这类公司进行任意清算,不必按照法定方法进行清算。而我国公司法规定的公司法定类型只有有限责任公司和股份有限公司,其股东对公司仅负有限责任,所以《公司法》中没有任意清算的规定。

（一）任意清算与法定清算

这是根据清算的方式和要求是否依照法律规定进行而划分的。任意清算也称自由清算，即指公司按照股东的意志和公司章程的规定进行的清算，是适用于人合公司（无限公司、两合公司）的一种清算方式。它可以按照公司章程规定或全体股东的意见进行，而不必按照法定的方法处分公司财产。如债权人对任意清算表示异议，公司应对该债权人予以清偿或提供担保。法定清算是指必须按照法律规定的程序进行的清算，适用于各类公司清算。人合公司也可以选择法定清算，但资合公司（有限责任公司、股份有限公司）只能实行法定清算。实行法定清算的主要目的是保护债权人的合法权益。由于公司清算的结果影响股东和债权人的利益，而资合公司的股东对公司债务承担有限责任，公司清算组成员又多由股东组成，若法律不规定其清算的方式和要求，极可能出现损害债权人利益的情况，因此法律规定资合公司必须进行法定清算。

（二）正常清算和破产清算

正常清算是指公司除因合并、分立或破产的原因解散外，因其他一切原因解散而适用的清算程序。破产清算是指公司不能清偿到期债务被依法宣告破产时适用的清算程序。虽然正常清算和破产清算都是终结现存公司的法律关系，消灭法人资格的行为，但两者有以下区别：

第一，发生清算的原因不同。适用正常清算的原因是下列公司解散事项所引起的：公司营业期限届满；公司章程规定的解散事项发生；股东会决议解散；公司因违反法律、行政法规而被依法责令关闭等。上述原因一般多属于公司股东自愿解散。破产清算的原因是公司不能履行到期债务而被宣告破产，它属司法强制解散程序。

第二，决定清算组成员的机关不同。正常清算情形下的清算组成员,有限责任公司由股东组成,股份有限公司由董事或者股东大会确定的人员组成。破产清算的组成人员必须由人民法院决定。

第三,适用清算的程序不同。首先,程序的内容不同。正常清算适用一般的清算程序,破产清算适用破产清算程序。适用正常清算程序解散的公司,一般有足够的财产清偿公司债务,清算程序比较简单。适用破产程序解散的公司处于资不抵债状态,为保护债权人利益,其程序远比正常清算程序复杂得多。其次,两者的程序性质也不同。正常清算不是诉讼程序,破产清算是诉讼程序。再次,适用的法律也不同。

（三）普通清算和特别清算

法定清算可以分为普通清算和特别清算。普通清算是指除任意清算外的公司清算,公司清算通常适用的是普通清算程序。特别清算是在适用普通清算发生显著困难时,或清算不能或有资不抵债嫌疑时适用的清算程序。因为有上述原因,如按普通清算程序必然会损害债权人利益,所以必须将清算纳入比普通清算程序更为严格的程序。特别清算是介于普通清算和破产清算之间的特别程序。依据我国《公司法》第183条的规定,"公司应当在解散事由出现之日起15日内成立清算组,开始清算",该规定属于普通清算,由公司自行组织清算机构进行清算;但是,该条还规定,"逾期不成立清算组进行清算的,债权人可以申请人民法院指定有关人员组成清算组进行清算",这应该属于特别清算。

四、公司清算的程序

（一）国外关于公司清算程序的相关规定

1. 确定清算人

清算人是公司解散后执行清算事务的人,在大陆法系国家公司法中,清算人有四种:第一,由公司股东或董事担任的清算人;第二,公司章程确定的清算人;第三,股东会决议任命的清算人;第四,法院选任的清算人。各国公司法对清算人有专门的规定,如日本规定,有限公司及股份公司的清算人由公司董事担任,但是,公司章程另有规定或股东大会另选他人时除外,如果没有上述清算人,法院将根据利害关系人的申请选任清算人。德国、韩国等国的规定与上述规定基本相同。

此外,德国、日本、法国等都规定,清算人应进行申报。如日本规定,清算人应在就职之日起两周内,向法院申报公司解散的事由及年月日,清算人的姓名及住所。法国规定,清算人的任命书按法令规定的条件及期限,由清算人在商业和公司注册簿上予以公告。

2. 清算人制作财务会计报告并报股东会确认

德国规定,清算人就任后,应立即检查公司财务情况,制作资产负债表和财产目录以及财务报告并报股东会确认。日本规定,经股东会承认后,资产负债表及财产目录应从速向法院提交。

3. 向债权人进行催告

日本、韩国等规定,公司清算人自就职之日起 2 个月内应向未知债权人进行公告,债权人自公告之日起不少于 2 个月的规定期限内申报债权,超过期限不予申报的视为放弃债权。对于已知的债权人,应当分别催告其债权,并应当将其列于清算之内,不得排除。德国规定,清算人应当对公司债权人进行 3 次公告,公司债权人应当于第 3 次公告之日起 1 年内申报债权,否则视为放弃债权。

4. 处理与清算有关公司未了结的业务

清算人应当处理与清算有关的公司未了结的业务,主要包括:清收债权,支付清算费用、职工工资、所欠税款,清偿债务等。

5.分配公司剩余财产

各国公司法都规定,清偿债务后的公司剩余财产,应按出资比例或持股比例被分配给公司股东。

6.清算终结

清算终结有两种情况:一种是申请宣告破产。在清算期间,清算人如果发现公司财产不足清偿债务,应立即向法院申请宣告破产,并将相关事务移交给破产管理人。另一种是清算完结。公司清算完毕,由清算人申请公司注销登记,同时报送经确认的公司清算报告。德国规定,清算完结后,若仍有可供分配的财产,法院因利害关系人的申请,可以重新任命清算人进行分配。

(二)我国《公司法》关于公司清算程序的规定

我国《公司法》在第10章"公司解散和清算"中对公司清算的程序做了系统的规定,其内容如下。

1.成立清算组

公司的清算组是指公司在出现清算的原因以后依法成立的处理公司债权、债务的组织,是公司清算期间的代表者。根据我国《公司法》第183条的规定,除公司因合并或者分立而解散外,公司应当在解散事由出现之日起15日内成立清算组。有限责任公司的清算组由公司的股东组成,股份有限公司的清算组由董事或者股东大会确定的人员组成。公司逾期不成立清算组进行清算的,债权人可以申请人民法院指定有关人员组成清算组进行清算。人民法院应当受理该申请,并及时组织清算组进行清算。根据最高人民法院《关于适用〈中华人民共和国公司法〉若干问题的规定(二)》的规定,公司虽然成立清算组但故意拖延清算或者违法清算可能严重损害债权人或者股东利益的,债权人也可申请人民法院指定清算组对公司进行清算;若具备上述情形债权人未提起清算申请,公司股东可以申请人民法院指定清算组对公司进行清算。清算组成员可以从下列人员或机构中产生:第一,公司股东、董事、监事、高级管理人员;第二,依法设立的律师事务所、会计师事务所、破产清算事务所等社会中介机构;第三,依法设立的律师事务所、会计师事务所、破产清算事务所等社会中介机构中具备相关专业知识并取得执业资格的人员。

2. 公告通知债权人

按照我国《公司法》第185条的规定,清算组应当自其成立之日起10日内通知债权人,并于60日内在报纸上公告。债权人应当自接到通知书之日起30日内,未接到通知书的自公告之日起45日内,向清算组申报其债权。债权人申报债权,应当说明债权的有关事项,并提供证明材料。债权人在规定的期限内未申报债权,在公司清算程序终结前补充申报的,清算组应予登记。债权人补充申报的债权,可以在公司尚未分配财产中依法清偿。

3. 清理债权、债务

根据我国《公司法》的规定,公司的清算组组成后,在清理公司财产、编制资产负债表和财产清单后,应当制定清算方案,并报股东会、股东大会或者人民法院确认。清算组如果发现公司财产不足清偿债务,应当向法院申请宣告破产,移交法院进行破产清算。

4. 分配公司的财产

分配公司的财产是在能够清偿的情况下进行的。根据《公司法》第186条的规定,公司能清偿债务的,应当分别支付清算费用、职工工资、社会保险费用和法定补偿金,缴纳所欠税款,清偿公司债务。以上清理完毕后,公司还有剩余财产的,应当进行分配。有限责任公司按照股东的出资比例进行分配,股份有限公司按照股东持有的股份比例进行分配。

5. 制作清算文件

清算结束,清算组应当制作清算报告和清算期间收支报表及各种财务账册。

6. 股东会确认

根据我国《公司法》第 188 条的规定,公司清算结束后,清算组应当将清算报告报股东会、股东大会或者人民法院确认。执行未经确认的清算方案给公司或者债权人造成损失,清算组成员应当承担赔偿责任。

7. 注销登记

按照我国《公司法》第 188 条的规定,公司的清算报告确认后,清算组应将清算报告报送公司登记机关,申请注销公司登记。

8. 公告

根据我国《公司法》第 188 条的规定,自工商登记机关核准注销登记后,清算组应当公告公司终止。

第四节　公司终止与解散制度

一、公司终止的内涵

公司终止,指公司根据法定程序结束营业并消灭法人资格的事实状态和法律结果。公司终止是市场经济的一个正常法律现象,其效果就是消灭公司的营业资格与法人资格,与其相关的法律关系也随之消灭。公司作为多种法律关系的复杂综合体,其终止影响到股东、雇员、债权人等诸利益主体的利益,法律为此规定了以清算程序为中心的严格法律程序,公司终止必须遵循这些程序。

我国立法关于公司终止原因(事由)的规定一度非常混乱,现行《公司法》正本清源。按其规定,公司终止的原因有二:

(1)破产。破产(bankruptcy),是公司不能清偿到期债务,且资产不足以清偿全部债务或者明显缺乏清偿能力时,依其自身或者债权人的申请,法院依法宣告破产并对其财产进行清算的制度。破产清算完毕,管理人提请法院终结破产程序,并向登记机关办理注销登记,公司终止(《企业破产法》第120、121条)。公司破产主要由《企业破产法》调整,本书不予展开。

(2)解散。解散(dissolution),是破产之外的公司终止的另一原因。在此意义上,可将解散定义为破产以外的公司终止事由。解散也会导致公司停止营业并进入清算程序。

二、公司解散的内涵

欲界定公司解散的概念,必须先搞清楚解散与清算的关系。关于解散与清算的关系,各国立法规定有两种模式:一为"先算后散",即公司在清算后才能解散,如英国公司法;二为"先散后算",即公司先宣布解散,然后进行清算,大陆法系公司法多采之。在前者,宣告公司解散即消灭法人资格,解散直接导致公司的法人资格消灭;在后者,解散只是公司消灭的原因,清算终结后消灭公司的法人资格。

我国《公司法》采"先散后算"模式。我国公司法上公司解散与清算的关系是:一般情形下,解散一经发生,必须经过清算才能导致公司终止,唯一的例外是由公司分立、合并导致的解散,无须清算,因为分立、合并后还有存续的公司承继权利、义务。

三、公司解散的法律特征

公司解散的法律性质主要体现在以下几个方面。

（1）公司解散是针对已经成立的公司而言的。公司如果未依法成立，则不得以公司的名义对外进行活动，也不是公司法所称的公司，其解散、清算不适用公司法规则。

（2）公司解散的原因是出现了法律或公司章程规定的解散事由。由于这些事由的出现，公司无法继续存续或者没有了继续存在的必要。

（3）公司解散并不意味着公司法人资格的消灭。公司解散是一个时间过程。公司解散后，其法人人格并不立即消灭，公司继续存续，只是其权利能力受到了限制，公司不得开展与清算无关的业务活动，国外也称其为清算法人，即为清算之目的而存在的法人。公司只有在清算完结后，由清算组凭清算报告向登记机关办理注销登记并发布公告，此时公司人格才告终止。

（4）公司解散是一种法律行为。公司解散应当符合法律、法规和公司章程的规定。

四、公司解散的原因及分类

公司解散的原因，按照是否出于公司股东的意愿，分为任意解散（自愿解散）与强制解散（非任意解散）两大类，任意解散与强制解散又各分为若干具体类型。

（一）任意解散

任意解散（voluntary dissolution），指基于公司自己的意思（也可理解为股东的意思）而解散公司。相对于强制解散，这种解散取决于公司的意志，与外在意志无关，是一种自愿行为。当然，任意解散的程序并不任意，仍需依法定程序进行。任意解散的具体情形有以下两种。

1. 章程规定的事由发生

章程规定解散公司的事由是一种预先设定。《公司法》第180

条第 1 项规定,"公司章程规定的营业期限届满或者公司章程规定的其他解散事由出现"属于解散公司的事由之一。

(1)营业期限届满。各国公司法大多放弃了公司存续期间的限制规定,目前只有个别国家的公司法或明确规定公司存续的最高期限,或要求公司章程规定,存续期限届满而又未申请延长的,公司即应解散。在我国,关于营业期限,除了《中外合资经营企业法》有规定外,《公司法》没有具体规定,公司章程关于公司营业期限的规定属于任意记载事项。因而在法理上,公司可以永远存在,但如果公司章程确定了营业期限,法律予以承认,营业期限届满,公司即解散。

(2)其他解散事由出现。公司章程规定的营业期限以外的其他解散事由,常见的有目的事业已经完成或者无法实现、重要股东消亡、股东低于法定人数等,属于章程的相对必要记载事项。一旦章程规定的解散事由出现,公司即解散。

对于公司章程规定的解散事由发生的,基于企业维持原则,各国公司法均允许公司通过修改章程而继续公司,即适用公司解散的撤销制度。

2. 股东(大)会决议

《公司法》第 180 条第 2 项规定,"股东会或者股东大会决议解散"是解散公司的事由之一。公司是存续还是终止,可由自己决定。因为事关重大,所以由股东会(包括股东大会,下同)决议,并适用特别决议的表决规则。一人公司的解散由单个股东决定。国有独资公司不设股东会,其解散由国资委决定;重要的国有独资公司的解散,由国资委审核后报本级人民政府批准。中外合资公司也不设股东会,可由董事会决议解散,并报审批机构批准。

(二)强制解散

强制解散(compulsory dissolution),指非由于公司自己的意志,而是基于法律规定、行政机关命令或司法机关命令、裁判而解散公司的情形。强制解散又分为如下三种情形。

1. 法定解散

法定解散(statutory dissolution),指发生了法律规定的解散事由而解散公司。主要包括以下两种情形:

(1)股东不足法定人数。如果股东人数变动后不足法定人数的,公司是否须解散?对此有不同的认识。在我国,由于承认了一人有限公司,有限公司不存在这一问题。对于股份公司,《公司法》既不承认一人股份公司,也没有将股份公司股东人数不足2人作为解散事由,可以理解为:股东人数不足法定人数的,不构成解散的法定事由;公司如存续,可以变更为一人有限公司。

(2)合并与分立。《公司法》第180条第3项规定,"因公司合并或者分立需要解散"属于解散事由之一。具体而言,合并肯定会涉及公司解散:在吸收合并中,被吸收的公司解散;在新设合并中,合并各方解散。而在公司分立,只有解散分立才发生被分立的公司解散;存续分立的存续公司和分立公司均不解散。

2. 行政解散

行政解散(administrative dissolution),指因公司违反法律而由行政主管机关做出的行政处罚决定导致公司解散。《公司法》第180条第4项规定,"依法被吊销营业执照、责令关闭或者被撤销"属于解散事由之一。此即为一种行政解散。行政解散的立法依据在于,为了维持经济秩序,公司经营严重违反工商、税收、市场、环境保护等法律的,行政主管机关可以做出终止其主体资格、永远禁入市场经营的行政处罚。公司对这些行政处罚不服的,可以寻求行政复议、行政诉讼等救济。这些行政处罚一经生效,公司即告解散。

在我国,关于公司被吊销营业执照、责令关闭与撤销的情形分散规定于商法、经济法、行政法等多个部门法之中,不可胜数。行政解散的具体手段包括吊销营业执照、撤销公司登记、责令关闭以及撤销公司等四种,适用情形包括虚假登记、逾期开业或者停业、违法经营危害社会公共利益等情形。这一制度赋予行政机关强势的广泛的解散公司权力,可以称之为"泛行政解散权"。

3. 司法解散

司法解散,指法院依职权或者依检察官、利害关系人之请求,发布命令或者做出裁判解散公司。司法解散包括命令解散和裁判解散。

(1)司法命令解散(dissolution by order),也即公法意义上的司法解散。不少国家的公司法规定,公司违反法律损害社会公共利益的,法院依职权或应检察官、利害关系人之请求,以危害公共利益为由命令解散公司。命令解散的宗旨是纠正因公司设立准则主义而引起的公司滥设之弊端,维护社会公共利益。我国公司法没有规定这一制度。

(2)司法裁判解散(judicial dissolution),也即私法意义上的司法解散。公司经营管理发生严重困难,继续存续会使股东利益受到重大损失,通过其他途径不能解决时,法院根据股东等私法主体的请求而强制解散公司。裁判解散的宗旨主要是保护少数股东利益。1993年《公司法》没有规定司法裁判解散,受到诟病,2005年修正案规定了这一制度。

裁判解散公司主要解决两个问题:一是谁可以申请解散公司,二是在什么情况下申请解散公司。这两个问题互为一体。《公司法》第180条第5项规定司法裁判解散是解散事由之一;第182条规定,"公司经营管理发生严重困难,继续存续会使股东利益受到重大损失,通过其他途径不能解决的,持有公司全部股东表决权百分之十以上的股东,可以请求人民法院解散公司"。股东申请解散公司的意旨,主要是解决公司僵局或者股东间的欺压或者公司资产浪费等问题。允许股东主动申请解散公司的实质,是为少数股东提供一种退出公司(尤其在封闭公司)机制和利益保护机制。

五、公司解散的程序

由于公司解散是一个期间,从宣布解散到公司法人资格最后的完全消灭,会有一系列法律行为的发生,因此,为了防止公司和相关利益人在解散过程中可能出现的隐匿财产、逃避债务、损害债权人和股东权益的情况,法律要求公司必须在履行必要的程序后才能解散。根据我国《公司法》的规定,公司解散的程序如下:

(1)宣布解散。根据公司解散的不同原因,宣布解散的情况也有所差异。一般而言,自愿解散的宣布是公司的对外公告,公告日期即公司进入解散程序的日期;强制解散的宣布则是依照法院司法解散的判决、宣告破产的裁定、有关行政机关关于公司解散、撤销公司登记或吊销营业执照的决定来体现的,其中载明的日期即为公司进入解散程序的日期。

(2)依法成立清算组,进行清算。

(3)申请注销登记。根据《公司登记管理条例》第36条的规定,公司清算组织应当自公司清算结束之日起30日内向公司登记机关申请注销登记。经公司登记机关核准注销登记,公司终止。逾期不办的,登记机关将吊销其营业执照。

(4)公告公司终止事宜。公司应向登记机关联系办理公告事宜,由登记机关核准注销登记后发布公告,载明公司名称、住所、注册号、注销原因、注销时间等事项。至此,公司解散过程全部完成。

六、公司解散的效力

公司解散的效力,是指公司解散作为一种法律事实状态所引起的相关法律关系的变化。从《公司法》的相关规定来看,公司解散的效力包括以下几个方面:

第一,除因合并、分立而导致的解散外,被解散的公司依法必须进入清算程序。

第二,进入清算程序,成立清算组织。公司解散不论解散程序在清算程序之前,还是解散程序在清算程序之后,都必须依法成立清算组织。成立清算组织后,公司原来的代表及业务执行机关即丧失权利,由清算人取而代之,接管公司代表机关和业务执行机关,行使对内执行清算业务、对外代表公司的权力。公司由此成为清算中的公司。

第三,公司的权利能力受到限制,不得开展与清算无关的经营活动。公司宣告解散后,其权利能力即受到法律的限制,这种限制特指解散公司的权利能力仅局限于清算范围内,除为实现清算目的,由清算人代表公司处理未了结业务外,公司不得开展新的经营活动。对此,《公司法》第186条第3款明确规定:"清算期间,公司存续,但不得开展与清算无关的经营活动。公司财产在未依照前款规定清偿前,不得分配给股东。"

第四,未到期的公司的债权债务视为已经到期,由清算人进行清理。

第五,对公司结算之前享有权利的人,可以主张相应的权利,直至起诉公司。

七、公司解散司法实务

蒋长征诉宝应县阳光人力资源服务有限公司解散纠纷案①

宝应县阳光人力资源服务有限公司(以下简称阳光公司)系原告蒋长征与张登高于2003年3月11日各出资5万元成立的有限责任公司。《公司章程》规定的经营期限为10年,至2013年3月4日止。两股东各占公司50%股份。原告称,几年来,由于双方经营理念不同,加之各占一半股份,不能就公司经营相关事项达成一致意见,导致无法形成股东会决议,故诉请法院要求解散

---

① 云闯.公司法司法实务与办案指引[M].北京:法律出版社,2014,第266页

阳光公司。

阳光公司辩称,由于公司规模较小,股东间的事情均是两股东口头协商。蒋长征作为公司股东,从未要求召开股东会,况且公司一直处于盈利和正常经营状态。原告起诉解散公司是为了一己私利,将公司业务带入其自行成立的苏州永拓人力资源服务有限公司中,故不同意解散公司。

宝应县人民法院一审审理后认为:公司成立初期,两股东尚能按照公司章程履行其权利义务。近年来,两股东之间因经营理念发生变化,不能履行期公司章程,特别是原告蒋长征于2010年8月26日自行成立苏州永拓人力资源服务有限公司,并独立经营该公司。可见,原告蒋长征与另一股东(张登高)之间在经营公司事宜上已产生较大矛盾,两股东共同经营的阳光公司已由另一股东张登高主持其正常经营。两股东共同经营形同虚设,该状况有悖于公司章程,故判决解散阳光公司。

一审判决后,阳光公司不服,委托作者代理其上诉事宜,并同时以蒋长征(被阳光公司聘任为公司经理)未经阳光公司股东会的同意,擅自设立永拓公司,违反其作为高级管理人员的竞业禁止义务为由向苏州市吴中区人民法院提起损害公司利益纠纷诉讼。两股东之间矛盾不可谓不深。

本案在扬州市中级人民法院组织的二审审理过程中,法院组织双方进行调解,要求蒋长征及张登高各自对自己所持有的阳光公司50%的股权进行报价,并释明所报的价格既是回购对方股权的价格,也是转让己方股权的价格。考虑到阳光公司经营期限即将届满,即使法院不判决解散,因两股东之间存在矛盾,也无法通过股东会决议、修改公司章程使得公司继续存续。另外,也存在蒋长征已经设立永拓公司、双方在阳光公司中各占50%股权以及阳光公司在苏州市吴中区人民法院起诉蒋长征损害公司利益等情况,经法院及双方律师的共同努力,达成调解协议如下:

一、阳光公司继续存续,注册资本不变,股东进行如下变更:蒋长征将其持有的阳光公司所有股份全部转让给张登高(阳光公司另一股东），张登高向蒋长征支付 6 万元整，分别于 2012 年 7 月 1 日、8 月 1 日、9 月 1 日前各支付 2 万元；

二、张登高履行上述给付义务后，蒋长征须协助张登高办理股权变更登记手续；

三、阳光公司在苏州市吴中区人民法院起诉蒋长征损害公司利益纠纷撤诉，不再追究；

四、本案纠纷就此了结，双方无其他纠纷；

五、一审案件受理费 80 元，减半收取 40 元，由蒋长征负担；二审案件受理费 80 元，减半收取 40 元，由张登高负担。

随后，阳光公司向吴中区人民法院申请撤诉，苏州市吴中区人民法院做出（2012）吴木商初字第 88 号民事裁定书，准许阳光公司撤回起诉。

本案的亮点即在于通过法官和律师的有效参与，成功化解公司僵局，使得阳光公司得以继续存续。阳光公司作为劳务派遣公司，其与多家企业的劳务派遣合同得以继续履行，避免了损失。特别是针对阳光公司两股东各占 50％股权的情况，法庭要求两股东对自己的股权价值进行报价，并释明所报价格既是购买对方股权的价格，也是转让己方股权的价格，应该说是非常明智的。在调解过程中，双方律师积极参与，向当事人解说法律规定，分析各自优劣，对于减少讼累，促成案件的顺利和解也是非常重要的。

参考文献

[1]法律出版社法规中心.2015 最新公司法及司法解释汇编[M].北京:法律出版社,2015.

[2]国务院法制办公室.中华人民共和国公司法[M].北京:中国法制出版社,2014.

[3]法律出版社法规中心.中华人民共和国公司法注释本[M].北京:北京出版社,2014.

[4]国务院法制办公室.中华人民共和国公司法注解与配套[M].北京:中国法制出版社,2014.

[5]法律出版社法律中心.新编公司法全解[M].北京:法律出版社,2014.

[6]云闯.公司法实务与办案指引[M].北京:法律出版社,2014.

[7]张远堂.公司法疑难问题及解决[M].北京:法律出版社,2014.

[8]高云.2014 年公司法实务操作指南[M].北京:法律出版社,2014.

[9]陈连军,王明明.公司法学[M].长春:吉林大学出版社,2014.

[10]钱玉林.公司法实施问题研究[M].北京:法律出版社,2014.

[11]甘培忠.企业与公司法学[M].北京:北京大学出版社,2014.

[12]法律出版社专业出版编委会.案例导读:公司法及配套规定适用与解析[M].北京:法律出版社,2013.

[13]李春晓.公司法学[M].厦门:厦门大学出版社,2012.

[14]范健、王建文.公司法[M].北京:法律出版社,2011.

[15]叶林主.公司法原理与案例教程[M].北京:中国人民大学出版社,2010.

[16]李晓暮.在自由与管制之间寻求利益平衡——公司取得自己股份制度研究[M].北京:法律出版社,2010.

[17]朱慈蕴.公司法原论[M].北京:清华大学出版社,2011.

[18]王保树.商法[M].北京:北京大学出版社,2011.

[19]时建中.公司法原理精解、案例与运用[M].北京:中国法制出版社,2012.

[20]范健,王建文.商法总论[M].北京:法律出版社,2011.

[21]贺晓辉.有限责任公司法论[M].郑州:河南人民出版社,2010.

[22]赵振华.公司法[M].北京:法律出版社,2010.

[23]赵旭东.公司法[M].北京:中国政法大学出版社,2013.

[24]刘俊海.公司法学[M].北京:北京大学出版社,2013.

[25]汪振江.比较公司法学[M].北京:中国社会科学出版社,2012.

[26]石少侠.公司法学[M].北京:中国政法大学出版社,2012.

[27]张军主.新编经济法教程[M].咸阳:西北农林科技大学出版社,2010.

[28]王继远.控制股东对公司和股东的信义义务[M].北京:法律出版社,2010.

[29]赵万一,雷兴虎等.商法[M].北京:中国人民大学出版社,2009.

[30]蒋大兴.公司法的观念与解释[M].北京:法律出版社,2009.

[31]陈本寒.商法新论[M].武汉:武汉大学出版社,2009.

[32]邓峰.普通公司法[M].北京:中国人民大学出版社,2009.

[33]顾功耘.公司法[M].北京:北京大学出版社,2008.

[34]史际春.企业和公司法[M].北京:中国人民大学出版社,2008.

[35]李建伟.公司法学[M].北京:中国人民大学出版社,2008.

[36]高在敏.公司法[M].北京:法律出版社,2008.

[37]奚晓明.最高人民法院关于公司法司法解释(一)(二)理解与适用[M].北京:人民法院出版社,2008.

[38]何萍.论公司章程的法律效力[J].当代经济,2015(5).

[39]邓俊.新《公司法》下"一元公司"诚信体系建设分析[J].法制与经济,2015(2).

[40]荣振华.公司法结构变革之逆向思维——以公司法对司法解释回应之视角[J].时代法学,2015(1).

[41]黄本新.公司法中有限责任价值透视分析[J].中国市场,2015(1).

[42]黄萌萌.母子公司法律研究[J].法制与社会,2015(4).